YIHU RENYUAN YILIA

ZHISHI WENDA

医护人员医疗纠纷
知识问答

主　编◎王兴海　施云涛　高　磊
副主编◎魏艳霞　刘爱娟　万　松　范奕岑

辽宁科学技术出版社
LIAONING SCIENCE AND TECHNOLOGY PUBLISHING HOUSE
拂石医典
FU SHI MEDBOOK

图书在版编目（CIP）数据

医护人员医疗纠纷知识问答 / 王兴海，施云涛，高磊主编．—沈阳：辽宁科学技术出版社，2023.11

ISBN 978-7-5591-3278-9

Ⅰ．①医…　Ⅱ．①王…　②施…　③高…　Ⅲ．①医疗纠纷—处理—中国—问题解答　Ⅳ．① D922.165

中国国家版本馆 CIP 数据核字（2023）第 204729 号

出版发行：辽宁科学技术出版社
　　　　　北京拂石医典图书有限公司
地　　址：北京海淀区车公庄西路华通大厦 B 座 15 层
联系电话：010-57262361/024-23284376
E-mail：fushimedbook@163.com
印 刷 者：汇昌印刷（天津）有限公司
经 销 者：各地新华书店

幅面尺寸：145mm×210mm
字　　数：175 千字　　印　　张：8.875
出版时间：2023 年 11 月第 1 版　　印刷时间：2023 年 11 月第 1 次印刷

责任编辑：陈　颖　　责任校对：梁晓洁
封面设计：黄墨言　　封面制作：黄墨言
版式设计：天地鹏博　　责任印制：丁　艾

如有质量问题，请速与印务部联系　　联系电话：010-57262361

定　　价：58.00 元

编委会名单

作者简介

王兴海　男，本科学历，曾任衡水市哈励逊国际和平医院法规处处长，现任衡水市医患纠纷与社会矛盾研究会副会长、衡水市社会矛盾与医患纠纷研究所所长，中国研究型医院协会医药法律专业委员会委员、河北省医院协会医疗法治委员会委员，从事医院多岗位管理工作三十余年，在医院宣传策划、医疗纠纷理论研究和实务处理方面具有丰富的经验，先后在《求是》杂志、《人民日报》、《法治日报》、新华社旗下媒体平台等发表文章 900 余篇。

施云涛　男，中共党员，本科学历，现任石家庄市中医院东院区综合办主任、医患沟通办主任，中国研究型医院协会医药法律专业委员会委员、中国医院协会医疗法治专业委员会委员、河北省医院协会医疗法治委员会委员、石家庄市医院协会理事，从事医院管理工作十余年，在医疗纠纷管理、医疗质量管理等方面具有丰富的经验。学术上，参与完成河北省中医药管理局科研课题一项，参与编写《医师法理解与适用》丛书，在国家级期刊发表论文数篇。

高　磊　男，中共党员，本科学历，现任衡水市哈励逊国际和平医院法规处处长、衡水市医疗纠纷人民调解委员会调解专家组成员、衡水市社会与矛盾研究所研究员、衡水市中级人民法院陪审员，从事医院管理工作十余年，在医疗纠纷管理、医患纠纷调解等方面具有丰富的经验。学术上，在国家级期刊发表论文数篇。曾荣获衡水市医疗纠纷人民调解委员会优秀调解员、优秀共产党员等荣誉。

魏艳霞　女，本科学历，现任衡水市哈励逊国际和平医院法规处专职调解员，从事医疗纠纷调解工作十余年，在医疗纠纷管理、医患纠纷调解等方面具有丰富的经验。学术上，在国家级期刊发表论文数篇。

刘爱娟　女，中共党员，本科学历，现任唐山市人民医院行风管理部科长，担任河北省法学会医事法学研究会理事、唐山市医学会鉴定专家、唐山市医疗纠纷人民调解委员会委员等多项社会职务，从事医院管理工作十余年，在医疗纠纷管理、党建行风管理等方面具有丰富的经验。学术上，科研成果丰厚，参与完成河北省医学科学研究重点课题计划项目，发表学术论文数篇。

万　松　男，中共党员，本科学历，现任衡水市哈励逊国际和平医院法规处专职调解员，从事医院管理工作十余年，在医疗纠纷管理、医患纠纷调解等方面具有丰富的经验。

范奕岑　女，本科学历，现任衡水市哈励逊国际和平医院法规处专职调解员，从事医院管理工作十余年，在医疗纠纷管理、医患纠纷调解等方面具有丰富的经验。

顾问简介

郑　辉　衡水市人民医院（哈励逊国际和平医院）党委会书记

曹双清　衡水市人民医院（哈励逊国际和平医院）党委会副书记、院长

张立清　衡水市人民医院（哈励逊国际和平医院）党委会委员、副院长，中国研究型医院学会医药与法律专业委员会委员，河北省医院协会法制专业委员会常委

前 言

当我在写完了这本书的那一刻，忽然觉得如释重负，甚或如同偿还了很大亏欠后的轻松，竟令自己心生感动。

我和我的团队长期从事医患纠纷防范和调解工作，虽然从不言辛苦，从不道委屈，但心中沉积的依然是太多太多心酸。如何少一点纠纷，多一点理解，让医患关系更融洽，一直是我们执着的追求。这本书便是我们实现追求的最接地气的努力。

本书中所举的事例均源自我们遇到的上百起真实案例。通过阅读本书，临床医务工作者可以查到以下各种问题的答案：作为医方应该提供什么样的医疗服务？哪些医学专业、哪些临床科室容易发生哪些纠纷？纠纷是什么原因所致，怎样才能避免，发生以后应该如何处置？如何保障法律赋予医师的权利？法律明确了医方执业人员哪些责任等等。从某种意义上讲，可以把本书看作临床医务工作者的必备“工具书”，置于案头闲暇时阅读，亦可在遇到问题时查找对策。

本书同样可以成为患者及其家属维权的法律指南。关于患者及其家属怎样依法维权、理性维权，维哪些权，法律在明确医师权利的同时，又明确了医师应尽哪些义务，以及患者有哪些不可以触碰的法律红线等等，在这本书中都可以找到答案。

愿这本书能为医患之间建立理解和融洽关系起到引导和帮助作用。

王兴海

2022 年 2 月 9 日

目 录

第 2 篇　医护预防篇 ······ 12

第 5 篇　鉴定诉讼篇 ……………………… 188

第1篇

投诉管理篇

1. 医疗纠纷的概念

医疗纠纷是指基于医疗行为，在医方（医疗机构）与患方（患者或者患者近亲属）之间产生的因对治疗方案与治疗结果有不同的认知而导致的纠纷等。医疗纠纷通常是由医疗过错或过失引起的。医疗过错是指医务人员在诊疗护理等医疗活动中的过错，医疗过失是医务人员在诊疗护理过程中所存在的失误。这些过错或过失往往会导致患者不满意或造成对患者的伤害，从而引起医疗纠纷。换句话说，由于患者及家属对患者本人在医疗机构进行诊疗护理的最终医疗结果不能接受，从而产生了纠纷。

2. 医疗投诉的概念

2019年4月10日国家卫健委颁布的《医疗机构投诉管理办法》中界定，医疗投诉主要是指患者及其家属等有关人员对医院提供的医疗、护理服务及环境设施等不满意，以来信、来电、来访等方式向医院反映问题，提出意见和要求的行为。

3. 医疗纠纷的常见分类

（1）因知情告知不充分引发的纠纷　①《医疗事故处理条例》第十一条规定：在医疗活动中，医疗机构及其医务人员应当将患者的病情、医疗措施、医疗风险等如实告知患者，及时解答其咨询；但是，应避免对患者产生不利后果。②《医疗纠纷预防和处理条例》第十三条规定：医务人员在诊疗活动中应当向患者说明病情和医疗措施。需要实施手术，或者开展临床试验等存在一定危险性、可能产生不良后果的特殊检查、特殊治疗的，医务人员应当及时向患者说明医疗风险、替代医疗方案等情况，并取得其书面同意；在患者处于昏迷等无法自主作出决定的状态或者病情不宜向患者说明等情形下，应当向患者的近亲属说明，并取得其书面同意。紧急情况下不能取得患者或者其近亲属意见的，经医疗机构负责人或者授权的负责人批准，可以立即实施相应的医疗措施。③《中华人民共和国民法典》（简称《民法典》）第一千二百一十九条规定：医务人员在诊疗活动中应当向患者说明病情和医疗措施。需要实施手术、特殊检查、特殊治疗的，医务人员应当及时向患者具体说明医疗风险、替代医疗方案等情况，并取得其明确同意；不能或者不宜向患者说明的，应当向患者的近亲属说明，并取得其明确同意。医务人员未尽到前款义务，造成患者损害的，医疗机构应当承担赔偿责任。④《中华人民共和国基本医疗卫生与健康促进法》第三十二条规定：公民接受医疗卫生服务，对病情、诊疗方案、医疗风险、医疗费用等事项依法享有知情同意的权利。

（2）因医疗服务存在瑕疵引发的纠纷 《医疗事故处理条例》在第二章的医疗事故预防与处置中规定了多项医疗机构及其医务人员应该遵守的行为规范，对不属于医疗事故的医疗纠纷案件，法院通常对诊疗过程中的医疗行为进行审查。

（3）因患者对医疗行为的误解引发的纠纷 因患者及其家属的医学认知及专业知识局限，或医务人员的解释态度等导致他们认为该医疗后果并非正常后果而发生的纠纷，此种情况下医务人员的医疗服务行为并无过失。

（4）因诊疗护理过程所致的医疗纠纷 患者在医疗机构接受诊疗和护理时出现不良后果，并与医方为其产生的原因、性质、因果关系等问题的认识产生分歧或争议。

（5）因输血导致异常反应与感染的纠纷 医务人员在输血治疗过程中，因对患者输入血液的血型、品质的检查存在失误，或对患者输血后出现的反应和症状未给予及时的观察与处理，导致患者出现输血反应并发症而产生医疗纠纷。

（6）医用产品质量缺陷损害纠纷 因使用的医疗器械和医用卫生材料的质量不符合国家规定的标准，致使就医人员健康受损而产生的纠纷。

（7）预防、保健、计划生育损害纠纷 因预防免疫、妇幼保健、计划生育技术服务机构在诊疗护理过程中出现过失，造成死亡、残废、组织器官功能障碍或其他的损害而引起的纠纷。

（8）医院院内感染纠纷　患者在住院期间，因医院环境和医疗行为引起细菌、病毒等生物性感染，并因此引发纠纷。院内感染包括内源性感染和外源性感染两类。前者来自患者身体内部，例如因长期受肿瘤等疾病影响使患者自身抵抗力下降引起的感染；后者指非由于患者身体原因引起的感染。

4. 医疗纠纷的特点

目前国内医疗纠纷呈现以下几个特点：

（1）医疗纠纷类型和原因多样化　无论临床科室，还是医技科室，甚至后勤科室，都有可能发生医疗纠纷，而且内容也变得更加复杂。这些纠纷既有因医疗技术水平或医疗伦理问题引发的，也有因非医疗行为（如医疗广告、费用欺诈等）引起的，还有因患者、媒体和职业医闹等引发的。

（2）医疗纠纷利益主体群体化　随着时间推移，医疗纠纷的索赔金额不断增加，并呈现出利益主体群体化的趋势。每个患者背后往往有一个大家族，甚至是同村、同乡的群体。在面对医疗纠纷时，他们容易产生情绪共鸣，特别容易受到蛊惑和引诱，形成利益共同体，进而引发规模较大的群体性事件。

（3）医患对抗化　各方之间趋于对抗化，患方往往受到经济利益的驱使，行为过于激动，情绪容易失控。在某些医疗纠纷中，患者的死因不明、责任不清，再加上其他社会因素的参与或干扰，也使得处理医疗纠纷变得更加困难。

（4）处理医疗纠纷成本高、时间长　处理医疗纠纷的成本不断增加，而且处理过程也非常漫长。医疗纠纷的处理需要具备专业性、严谨性和复杂性。同时，责任的认定和现场的处置也面临许多挑战。这些都导致了处理医疗纠纷的成本高和时间长。

5. 医疗纠纷的解决途径

根据《医疗纠纷预防和处理条例》第二十二条，发生医疗纠纷，医患双方可以通过下列途径解决：①双方自愿协商；②申请人民调解；③申请行政调解；④向人民法院提起诉讼；⑤法律、法规规定的其他途径。

6. 医疗投诉的医方原因

医疗投诉的原因有很多种，有医院管理、医疗质量方面的，也有服务态度、医生职业道德方面的。在常见的医疗投诉中，医方原因多包含以下几种。

（1）医务人员缺乏沟通技巧　患者因身体不适来医院看病，内心想要得到安慰和鼓励，并且对医生的话语比较敏感，而部分医务人员在与患者交流过程中不注意自己的用词、语气、语调等，导致患者误解，或觉得自己没有受到尊重，容易引发投诉。

（2）医务人员医德医风差　部分医务人员服务态度差，接诊时态度生硬、语言冷淡，缺乏耐心，对于沟通不畅的患者甚至出言训斥，也有部分医务人员在为患者检查或者问诊过程中心不在焉，造成医患沟通障碍，降低了医患之间的信任度，使得患者对医疗服务不满而投诉。

（3）医务人员责任心不强　作为医务工作者，我们应该时刻牢记自己从事的职业是神圣而崇高的。我们对每一名患者的生命和健康承担着巨大的责任。然而，仍然有一部分医务人员在临床工作中存在一些问题。他们可能对患者的检查不够认真，观察不够仔细，在处理过程中草率行事，导致漏诊、误诊等错误的发生。有些人甚至违反规章制度和医疗技术操作规范，还有些人会出现医疗文书书写错误的情况。此外，也有一部分医务人员未能尊重患者的人身权利，未能及时保护患者的知情同意权和隐私权等。这些情况都容易导致医疗纠纷的发生。

（4）医院管理不完善　医院管理制度不完善也是导致投诉的原因之一，如医院未及时公开收费项目、收费标准及药品的价格等，容易使患者产生被随意滥收费、多收费的印象，感到知情权被忽略。另外医院的布局不合理，造成患者就诊不便，预约挂号、收费、取药等流程繁琐，浪费患者大量时间，从而产生不满和投诉。

7. 医疗投诉的患方原因

（1）医疗知识缺乏导致投诉事件增加　作为医务人员，我们应该意识到患者和家属对医学常识的了解有限，他们往往不清楚疾病治疗的个体差异及可能出现的并发症、副作用等情况。患者对此不理解，就可能将因个体差异引起的医疗意外归结为医疗过失，从而引发投诉。

（2）患者维权意识增强引发投诉上升　随着社会的进步和法律制度的完善，患者及家属对维护自身权益的法律意识逐渐增强。一旦发生与自身利益冲突的事件，他们会主动维护自己的权益。

（3）患者心态影响医患关系　患者在患病期间可能面临较大的压力，情绪容易波动，希望周围的事物能符合他们的期望。如果在医疗服务过程中出现不符合他们意愿的情况，可能引发不满和过激情绪，导致投诉的发生。

（4）脱离现实的期望引发投诉　由于医学技术的限制和疾病的复杂性，有些疾病无法完全治愈，或难以阻止其发展。患者及家属对此可能缺乏理解，对治疗效果抱有过高期望，并对治疗过程中的并发症感到不满，进而引发投诉。

（5）社会因素对医患关系的影响　医疗费用的上涨与群众经济收入提高不成比例，使得患者经济负担加重。同时，媒体的报道误导也对医患关系造成了不良影响。媒体往往将患者视为弱势群体，有时夸大事实报道，将责任归于医院，导致患者对医务人员存在偏见和不信任，容易引发投诉。

8. 处理投诉和纠纷的原则

《医疗机构投诉管理办法》第五条规定："医疗机构投诉的接待、处理工作应当贯彻以患者为中心的理念，遵循合法、公正、及时、便民的原则。"

合法：医疗机构处理医疗投诉、医疗纠纷应严格遵循《民法典》《医疗纠纷预防和处理条例》《基本医疗卫生与健康促进法》《中华人民共和国医师法》《护士条例》《医疗机构管理条例》《医疗事故处理条例》及《医疗机构投诉管理办法》等法律法规。

公正：医疗机构在处理纠纷投诉过程中应始终将依法公正处理作为基本原则，要"中立化"倾听不同方面的意见。

及时：医疗机构应当在法律规定的时限内，及时有效地解决当事人的合法诉求，第一时间安抚投诉患者，明确告知其解决步骤及途径。

便民：医疗机构应当实行首诉负责制，畅通投诉电话，在医院显著位置公开投诉处理流程、接待地点、接待时间等信息。

9. 为何要建立医疗投诉管理部门

（1）医学的局限性及患者期望　医学是一门探索性学科，尽管科学发展迅速，但仍有许多疾病无法治愈。医学具有局限性，任何治疗方案都不可能尽善尽美，总是有利有弊。部分患者对医学的风险性、探索性和局限性认识不足，对疾病的治疗期望值过高，希望医院能完全治愈疾病。

（2）医疗纠纷增加的原因和影响　医患之间存在着健康需求与现代医学发展水平之间的差异，同时患者的维权意识增强，医护人员的法律意识和自我保护意识相对滞后，医疗服务水平有待提高，这些因素导致医疗纠纷不断增加，甚至严重影响了正常的医疗秩序。

（3）建立医疗投诉管理部门的意义　专家指出，在医院的医疗管理工作中，大量医务人员需要解决医疗纠纷和医疗事故，这是医疗事业发展过程中不可避免的阶段。然而，医院应该重视并努力避免这些纠纷和事故的发生。许多医院的医疗纠纷数量连年递增。为了建设和谐社会，缓解日益紧张的医患关系，保障正常的医疗秩序以及维护医、护、患三方合法权益，医院应当设置医疗投诉管理部门或相关机构，专门负责医院投诉管理工作，及时预防和处理医疗纠纷。医疗投诉管理部门的设置标志着医院管理进一步规范化和人性化，使患者免于陷入无处投诉的困境，减缓患者情绪激化，避免情绪失控，对于构建和谐的医患关系和有效预防医疗纠纷具有重要的现实意义。

10. 投诉管理部门的主要职责

《医疗机构投诉管理办法》第十二条第二款规定：投诉管理部门履行以下职责。

（1）组织、协调、指导本医疗机构的投诉处理工作　投诉常常涉及医疗机构内部的诸多方面，与临床、医技、后勤等诸多科室和部门相关，真正要解决投诉并非易事。因此，投诉管理部门要勇于承担责任，掌握工作技巧，组织、协调医疗机构各方面工作，汇集多方力量，妥善化解投诉。

（2）统一受理投诉，调查、核实投诉事项，提出处理意见，及时答复患者　处理投诉包括执行接待、受理、调查、反馈等投诉处理的基本步骤，也包括协调相关科室和部门共同完成投诉处理的组织步骤。

（3）建立和完善投诉的接待和处置程序　投诉管理部门应当结合本单位实际情况，对投诉接待和处置相关要求进行细化并不断完善。

（4）参与医疗机构医疗质量安全管理　投诉管理部门要遵循突出患者安全的理念，主动参与到医疗质量安全管理中，需要与医疗机构内部质控管理、医务管理、护理管理等部门充分协调，发挥各自优势，共同提升整体管理水平。

（5）开展医患沟通及投诉处理培训，开展医疗风险防范教育　培训和教育是提升医务人员风险意识和安全管理水平的重要手段，具体内容包括医疗质量、风险管理、医患沟通、法律法规等。通过开展培训和教育来改善和提升医务人员应对医疗风险的水平、意识和医患沟通的技巧。

（6）定期汇总、分析投诉信息　提出加强与改进工作的意见或者建议，并加强督促落实。

11. 医疗机构处理医疗投诉的工作流程

相关部门接到投诉事项，予以登记，记录来访人的姓名、住址、联系方式、诉求、申诉的事实和理由，并由来访人进行签名。区分情况，分别按下列方式处理：①组织相关临床科室进行调查核实；②安排专人向患者进行说明解释；③提请医院相关委员会讨论。一般情况下 5—10 个工作日给予患方初步答复。

第2篇

医护预防篇

12. 医疗纠纷中的几大高危科室

2000—2021 年间全国收集并核实到的恶性伤医案件大约 400 余起，其中发生在耳鼻喉科的就有多起，使得该科室成为不折不扣的“高危科室”。

为什么耳鼻喉科会成为高危科室？在我国，一些医院将耳鼻喉科作为小科室管理。无论是医院管理层还是医务人员，甚至是患者，普遍存在“耳鼻喉疾病远远不如心脏疾病严重”的认识误区。这种情况一方面会导致医院在医护人才培养方面难以形成良好的梯队建设，不利于优秀医务人员的成长；另一方面患者一旦诊疗情况并不如预期，心理就会产生落差，认为这种“小病”也会出问题，医患间容易产生隔阂。

挨打的儿科护士多。南京某医院一位儿科护士长在接受采访时曾表示，因为扎针没能“一针见血”而被家长责骂的事几乎每天都会发生。没能做到一针见血并非都是护士技术不行，比如在冬季，天气寒冷，血管处于收缩状态且脆性大，儿童血管本身就细，加上发热或腹泻脱水血管干瘪就更难扎了。儿童哭闹也增加了穿刺的难度。

被告的妇产科医生多。《医改蓝皮书：中国医药卫生体制改革报告（2014—2015）》中指出，妇产科成为医疗纠纷的高发科室。2014 年北京市医调委的数据也显示，北京市有七成医院发生过殴打、辱骂医务人员等“医闹”事件，其所调解的近 5000 例医疗纠纷中，妇产科纠纷数量位居榜首。产科医疗纠纷的特点是形式多样。突然发生、后果严重、难以接受、热点事件、高度关注。

急诊科也是医疗纠纷的高发科室，急诊科被砸的情况时有发生：醉酒闹事、家属情绪激动……急诊科被打砸的理由也多种多样。据了解，许多医院的医护人员不愿意到急诊科去，在他们看来，急诊科是“暴力事件较多的工作场所”的代名词。有的急诊科窗户一推就开，外面放着小凳子，以备医生随时逃跑……在网友“急诊医学之殇”的描述中，急诊科更像一个杂乱不堪的菜市场。按照首诊负责制的原则，医院急诊科不能够推诿患者。但现实却是，有大量“不危不急”患者扎堆急诊科。一些挂急诊的患者是因为门诊挂号难，另外还有白天工作忙，而晚上跑过来看病的，有的患者挂急诊甚至只为开个药。

13. 纠纷病历相关的关键节点

病历在医院管理中是对医疗行为正确与否的评判证据；医疗纠纷鉴定的依据；违反规范承担法律责任的凭据；病历评定

和医院考核的指标。在医疗纠纷诉讼中病历已经成为证据之一，绝大部分患方都会对病历产生疑问，许多医方败诉也都是因为在病历中找到过错和不足。

门诊病历有哪些关键点？急诊患者有效处理后收入院；诊断不清时以待查入院；三次诊断不清应请上级医生会诊；跨科疾病患者要及时请会诊；诊断和治疗不应出现矛盾；应有明确的复诊时间（许多医生注明不适随诊）；用药要有副作用的告知；门诊病历的逻辑性：主诉—现病史—既往史—体检—辅助检查—诊断—治疗—随诊。

住院病历有哪些关键点？一般情况写错；没有患者本人签字的委托书是无效的；知情同意书手写的内容没有补签字；病历中患者隐私被泄露；描述症状和体征前后矛盾；不按规定对病历修改、涂改、添加、删除等；上级医师查房没有记录；抢救药没有收费清单；明显违反书写规范的，涂改、刮擦等；没有按规定时间书写病历，病历复印后不予认可；签字内容不一致时按不利于医方的内容认定；使用不当版本拷贝病历；对篡改、伪造病历的，法庭直接推断有过错，无须医方抗辩；对病历中的异议医方不能做出合理解释的，将承担不利后果。

14. 常见奇葩病历错误，你有吗？

温岭医院耳鼻喉科某医生被杀一案庭审时，行凶者连恩青说：“医方存在过错，我的年龄是33岁，但病历卡上写的是80岁，连恩青的‘青’有的有三点水，有的没有，这就是病历造假。”诉讼中许多患方会执拗地纠缠着病历不放。现在临床写病历，很少是根据患者诉说的病史同时一字一字地录入，大都是拿模板拷贝过来，有些甚至会出现男患者有子宫，女患者有前列腺之类的错误，让人啼笑皆非。下面我们看看病历中有哪些奇葩错误吧。

（1）体格检查：发育正常、头颅无，五官端正……

（2）患者主因心慌气断 3 天入院。（都断气了，还入院？）

（3）主诉：有尿尿不出，憋得慌。

（4）保留胃管通畅，引出尿液约 600ml。

（5）双侧瞳孔直径 3cm……

（6）主诉：呕血 2 堆，直径约 20cm。

（7）该病诊断明确，无须鉴别。

（8）死亡讨论：大家一致认为，此病人该死。

（9）月经每日量少，大概只有几滴滴。

（10）主诉：拉肚子拉得不得了，2 个钟头。

（11）患者长期吃活心（活心丸）。

（12）实习医师写道：患者外出觅食未归。

（13）昨夜风雨大作，雷电交加，某床患者因未饱暖受凉而感冒。

（14）抢救记录：某床患者家属放弃抢救，于是患者默默地死了。

（15）患者入院时年龄 800 岁，出院时 800 岁。

（16）门诊收一脑积水病儿，诊断为：头大原因待查。

（17）高处掉下来，腰、腹部落地。

（18）老翁与老妪打架，老翁飞起一脚踹至老妪腹部，老妪应声倒地。

（19）一名中年妇女因腹痛就医。医生看完腹部 CT，说："你的脾脏'漂移'了，差不多有 0.3 米的位移……"

（20）患者胃纳好，二便自如。（二便想来就来，不想来就不来？来去自如？）

（21）患者散步时，突发机体无力，无法说话，继而出现不省人事，打鼾，尿裤……

（22）原定今日的手术，由于患者私自偷吃，不符合术前禁食的医嘱，遂改明日执行。（"偷吃"用词不当）

（23）某年某月某日，随某教授查房，患者症状同前，体查同前，教授查房后也未发言 。

（24）大外主任查房，拿着腹部平片端详半天，慨然长叹："看来不是省油的灯……"某医生有闻必录，也在病程记录写上了："某主任查房，主任意见不是省油的灯。"

15. 哪些人可以代理签署知情同意书？

医院对一患者决定择期手术，家属以回家讨论为由要求把知情同意书带回家签字。手术当天，家属均在场且未对是否手术及手术方案提出异议。手术结束后，患者家属认为没有达到理想的效果，否认曾在手术同意书上签字，称“不知何人所签”，医院没有审查签字人的身份，现家属对患者的治疗方案产生疑问，因此要求医院承担赔偿责任。法院受理后查明，手术同意书上的签字是患者家属委托同病房其他患者家属代签的。

此类事情多有发生，包括患者及家属不会写字而让未成年子女签字、让同事签字、让同病房的患者签字，甚至还有的医务人员为了省事，自己在患者栏内签字。殊不知这些行为都为以后的纠纷埋下了伏笔。

《民法典》总则篇第七章就公民、法人可以通过代理人实施民事法律行为分别做出了一般规定、特别情形规定及其代理终止等具体规定内容。具体条款为第一百六十一条至第一百七十五条。

16. 医务人员履行告知义务包含哪些内容？

《民法典》第一千二百一十九条规定：医务人员在诊疗活动中应当向患者说明病情和医疗措施。需要实施手术、特殊检查、特殊治疗的，医务人员应当及时向患者具体说明医疗风险、替代医疗方案等情况，并取得其明确同意；不能或者不宜向患者说明的，应当向患者的近亲属说明，并取得其明确同意。医务人员未尽到前款义务，造成患者损害的，医疗机构应当承担赔偿责任。

《基本医疗卫生与健康促进法》第三十二条规定：公民接受医疗卫生服务，对病情、诊疗方案、医疗风险、医疗费用等事项依法享有知情同意的权利。

以上两部法律均明确了告知内容的条款。该条款主要是突出并明确了医务人员的说明义务和患者的知情同意权涵盖的具体内容。

医务人员履行说明义务的范围一般分为两种情况：一是在诊疗活动中应当向患者说明病情和医疗措施；二是在需要实施手术、特殊检查、特殊治疗的情形下，应当及时向患者说明医疗风险、替代医疗方案等情况。

第一种情况是指医务人员在通常的诊疗活动中履行说明义务的范围。在这种情况下，需要说明的信息主要为病情和医疗措施。具体来说，病情包括疾病的性质、严重程度、发展变化趋势等信息，还包括诊断信息，即疾病名称、诊断依据等。医疗措施包括可供选择的医疗措施、各种医疗措施的利与弊、根据患者的具体情况拟采用的医疗措施、该医疗措施的治疗效果和预计大致所需费用、可能出现的并发症以及不采取医疗措施的危险性等。

第二种情况是医务人员除了要履行向患者说明病情和医疗措施的义务以外，还应当及时向患者说明医疗风险、替代医疗方案等情况。所谓医疗风险，是指医疗措施可能出现的并发症、后遗症、不良反应等风险，替代医疗方案信息包括可选择的几种手术方案及其利弊等信息。这种特殊说明义务适用的条件是患者需要实施手术、特殊检查、特殊治疗。

对于特殊检查、特殊治疗，《医疗机构管理条例实施细则》第八十八条规定："特殊检查、特殊治疗，是指具有下列情形之一的诊断、治疗活动：（一）有一定危险性，可能产生不良后果的检查和治疗。（二）由于患者体质特殊或者病情危急，可能对患者产生不良后果和危险的检查和治疗。（三）临床试验性检查和治疗。（四）收费可能对患者造成较大经济负担的检查和治疗。"严格按照上述相关规定履行说明义务，即视为履行了法律所规定的说明义务。

17. 告知书为什么不能免责?

医生让患者签署了告知书，但出现了医疗纠纷却不能免责。有家医院让一名急性会厌炎需要做气管切开患者的家属签了 13 份告知书，出现纠纷后在法庭上告知书仍没有起到保护作用。这是为什么？

首先告知书不符合法律的形式要求，患者虽然签署了告知书，但到法庭上会说："你告诉我了，我知道了，但我没有同意呀。"告知书只起到了单方的通知作用，患者的签字其实是对收到告知内容的一种确认，并不代表患方同意了告知内容，所以文件名称必须是《某某知情同意书》，知情同意书上的签字，是双方意愿的表示，也是患方对该内容既知情又同意的书面认证。

《民法典》第一千二百一十九条："医务人员在诊疗活动中应当向患者说明病情和医疗措施。需要实施手术、特殊检查、特殊治疗的，医务人员应当及时向患者说明医疗风险、替代医疗方案等情况，并取得其书面同意；不能或者不宜向患者说明的，应当向患者的近亲属说明，并取得其书面同意。"所以，医疗机构的各种需要患方表态的文件，题目应把原来的《某某告知书》修改为《某某知情同意书》，这样使用符合法律规定的《知情同意书》在医疗纠纷中才能对医方起到保护作用。

18. 患者要求多开药怎么办?

临床上经常遇到一些需要长期服药的慢性病患者，或住所离医院较远的患者，要求医生多开些药，遇到这种情况应该怎么处理?

（1）耐心解释，按照规范用药　对于医保患者医生应尽量耐心地给患者宣讲相关规定，说明开药须遵守有关规定和医保部门的监管要求，门诊患者费用超量还会影响报销，住院患者的费用会被医保拒付。严重者会被取消医院的医保资格，也会给患者带来极大的不便。

（2）特殊药品开方要严格遵守规定　如果为患者开的是毒麻药品、精神药品等特殊品种的药品，一定要在核对好相关证件、证明材料后，在病历上如实记录，并不能超过规定的限量，自费的患者也不例外。

（3）给予用药指导　如果患者确因种种原因，比如出差等，不能及时复诊需要多开药，医生按照规定的量为其开具药物后，可以建议患者再自费购买一些药物备用。

（4）健全规章制度　使用计算机管理开药系统，计算机安装有相关药品管理软件，可设置药物剂量限制，超出规定剂量开药将不能被计算机通过。

19. 首诊负责的主体是谁？

首诊是指患者首先就诊的医院为首诊医院，就诊科室为首诊科室，接诊医师为首诊医师。首诊医师应根据患者病情予以妥善处理，主要包括：诊断为本科疾患时，在上级医师指导下进行医疗诊治；诊断为非本科疾患时，及时邀请相关专科医生会诊，必要时组织转科或转院处理。如若未妥善处理，将有可能承担由此引起的不良后果的后续责任（法律节点）。

首诊医院，是负有法律责任的责任主体。

首诊科室，科室为医院组成部分，并不具备法律主体资格，其责任由医院承担。

首诊医师，该医师接受医院和科室的统一管理，实际代表医院、科室实施具体的医疗诊治行为，在职业范围内的行为后果一般由医院承担。上述三个层次的责任主体均须对患者负责。

医师负责制度。首诊医师应当对患者负责到底，包括并不限于以下事项：问诊、检查、诊治、会诊、转科室、转医院、病情告知、病情记录等，其中尤其要强调对于危难急重患者的上述责任要求。

科室负责制度。无须观察或住院治疗的患者可自行离院；需要留观的转入观察室跟踪治疗；需要住院的在完成病情初查、门诊病历记录等前期工作后，为其开具住院通知书转住院部办理住院。住院部不得以任何理由进行推诿或拒绝，针对急危重症患者，需要建立绿色通道制度。

医疗机构负责制度。医疗机构对求诊的患者不得拒绝，对超出诊治范围、床位不足或病情需要转院治疗，且患者的病情允许转院的，应予以转院。转院要做好记录并做好前期的必要处置，取得患方同意，告知转院过程中的风险以及注意事项，必要时还需要医师或护士护送。

20. 如何进行医师查房?

三级医师查房是指住院医师（经治医师）、主治医师、主任医师（副主任医师）在患者住院期间，以查房的形式对患者进行查看，及时了解患者的病情变化、心理状况、生活情况等，制订治疗计划，调整治疗方案，对患者进行治疗的日常医疗行为。

医疗机构应建立三级医师治疗体系，实行主任医师（副主任医师）、主治医师和住院医师三级医师查房制度。主任医师（副主任医师）或主治医师查房，应有住院医师和相关人员参加。主任医师（副主任医师）查房每周 1 至 2 次，主治医师查房每日 1 次。

住院医师对所管患者实行二十四小时负责制。对急危重症患者，住院医师应随时观察病情变化并及时处理，必要时可请主治医师、主任医师（副主任医师）临时检查患者。对新入院患者，住院医师应在入院 8 小时内查看患者，主治医师应在 48 小时内查看患者并提出处理意见，主任医师（副主任医师）应在 72 小时内查看患者并对患者的诊断、治疗、处理提出指导意见。查房前要做好充分的准备工作，如备好病历、X 线片、各项有关检查报告以及所需要的检查器材等。查房时，住院医师要报告病历摘要、目前病情、检查化验结果及提出需要解决的问题。上级医师可根据情况做必要的检查，提出诊治意见，并做出明确的指示。三级医师查房制度设计的目的是，保证患者得到及时准确诊治、指导下级医师工作、进行临床教学、防范医疗风险。

住院医师（经治医师）。直接接触管理患者，要随时监测患者的病情变化、心理情况。每天对分管患者应该做到例行的早、晚查房。在日常医疗工作中，应该及时记录患者的病情变化及心理状况，为三级查房做好准备。尤其是在上级医师查房之前，应该与患者再进行交流，补充了解有无遗漏的病史、症状，有无新出现的症状及对治疗的反应。在上级医师查房前，应该整理好病历，查阅最新进展。在查房时负责病史汇报，除了汇报患者的症状、体征、体格检查等基本情况之外，还需要汇报患者目前的治疗情况、治疗反应等，同时还需要汇报当前治疗是否有新进展。在汇报中，不能只是简单地罗列患者症状和体格检查，更应该有自己的分析，表达自己的观点及想法，请上级医师进行指导，这样不仅有助于三级查房的顺利开展，更有利于年轻医师诊疗水平的提高。

主治医师。在查房中应该认真听取住院医师（经治医师）的病历汇报，同时对重要的病史和病情进行追问，对重要体征进行核实。针对所查病例从诊断到治疗上提出自己的见解，同时介绍国内外与本病相关的新技术、新疗法和最新进展，对下级医师的进一步治疗提出指导性意见。

主任医师（副主任医师）。主任医师（副主任医师）查房一定要起到示范作用，针对所查病例，尤其是疑难病例、危重病例的诊断和鉴别诊断、治疗以及预后评估方面要提出自己的看法，同时要介绍关于所查疾病的相关知识，对下级医师的工作起到督促和指导的作用。在查房程序上也要起到示范作用，要规范查房程序，查房时要注意自身和各级医师的形象，在诊断思维、治疗思维和病历质量等方面给予指导。

21. 怎么落实急危重症抢救制度?

急危重症患者，是指生命健康受到严重威胁，不及时接受治疗将造成严重或长期的损害，或会因错失抢救时机而死亡的病人。临床上主要为急性外伤、脑挫伤、意识消失、大出血、心绞痛、急性严重中毒、呼吸困难、各种原因所致的休克等紧急状况。急指的是时间的紧迫性，不及时实施某种治疗将导致不可挽回的健康或生命损失，即“稍有延迟危险必至”。

《急诊病人病情分级试点指导原则》将病人病情评估结果分为四级：1 级是濒危病人，2 级是危重病人，3 级是急症病人，4 级是非急症病人。

濒危病人是指患者病情危重，可能随时危及生命，需立即采取挽救生命的干预措施，如气管插管病人、无呼吸或无脉搏病人、急性意识障碍病人以及其他需要采取挽救生命干预措施的病人，应立即送入急诊抢救室。

危重病人是指患者病情有可能在短时间内进展至 1 级，或可能严重致残，应尽快安排接诊，并给予病人相应处置及治疗。此外，如果病人来诊时呼吸循环状况尚稳定，但其症状的严重性需很早就引起重视，病人有可能发展为 1 级（如急性意识模糊 / 定向力障碍、复合伤、心绞痛等）的，急诊科需立即给这类病人提供平车和必要的监护设备。

急症病人是指病人目前明确没有在短时间内危及生命或严重致残的征象，应在一定的时间段内安排病人就诊，对于需要急诊处理缓解症状，或在留观和候诊过程中出现生命体征异常者，病情分级应考虑上调一级。

非急症病人是指病人目前没有急性发病症状，无或很少不适主诉，且临床判断需要很少急诊医疗资源的病人。因此，从《急诊病人病情分级指导原则（征求意见稿）》中可见，前三级都属于是急危重患者，应当给予相应的急诊服务。

《中华人民共和国医师法》第二十七条第一款规定：对需要紧急救治的患者，医师应当采取紧急措施进行诊治，不得拒绝急救处置。《医疗机构管理条例》第三十一条规定：医疗机构对危重病人应当立即抢救。

对于急危重症患者而言，时间就是生命。在急诊患者的抢救及后续治疗工作中，医疗机构应提供快速、有序、有效和安全的诊疗服务，保证病情危重患者能够得到及时、有效的抢救治疗，并通过建立急危重症患者的绿色通道，不需办理挂号、候诊等手续，立即给予抢救，提供相应的诊疗服务，尽最大可能保证患者的生命安全。

22. 术前讨论如何规避医疗风险?

术前讨论是提高手术质量，规避手术风险的重要措施之一，必须认真执行。术前讨论在术前进行，也是对手术准备工作的最后一次检查。

对重大、疑难、致残可能性高、难度大、复杂、多科、重要器官摘除、探查性、毁损性手术，患者病情较重、年老体弱、合并其他重大疾病或有其他特殊情况的手术，以及新开展的手术，必须进行术前讨论。一般应在术前 1—2 天进行。术前讨论会由科主任主持，科内所有医师参加，手术医师、护士长和责任护士必须参加。

术前讨论内容：诊断及其依据；手术适应证；手术方式、要点及注意事项；手术可能发生的危险、意外、并发症及其预防措施；是否履行了手术同意书签字手续（需本院主管医师负责谈话签字）；麻醉方式的选择，手术室的配合要求；术后注意事项，患者思想情况与要求等；检查术前各项准备工作的完成情况。讨论情况记入病历。对于疑难、复杂、重大手术，或病情复杂需要相关科室配合者，应提前 2 至 3 天邀请麻醉科及有关科室人员会诊，并做好充分的术前准备。

讨论程序：一般手术的术前讨论可以在医疗组内进行。首次讨论难以确定合适的治疗方案者可进行多次讨论。讨论前，手术医师应填写术前讨论申请单交给科主任。讨论应在术前一周内组织进行，手术前一天必须完成。

术前讨论由科主任或具有副主任医师以上专业技术职业资格的医师主持，科室医护人员及有关人员参加，手术医师、护士长和负责护士必须参加。必要时可邀请麻醉科、影像科、病理科等其他科室的有关人员参加。特殊病例、特级手术及重点对象手术可请医务科或院领导参加讨论。术前讨论要认真和缜密。经治医师应在讨论前做好各项准备工作。

参会者在讨论中应有重点地介绍病情，提供有关病史、辅助检查资料，介绍术前准备情况、手术指征、手术方案、预计术中可能出现的意外及并发症等相应的预防措施，说明手术方案选择、术前准备是否完善、麻醉方式的选择、手术室的配合，讨论术中可能出现的困难、危险、意外情况及对策，对术后观察事项、护理要求、手术并发症及防范措施、预后等提出针对性意见和建议，进行充分讨论。最后由主持人总结并确定手术方案、注意事项及防范应急预案。经管医师准确将术前讨论情况，主要是参加讨论人员发言的重点内容和结论性意见记录在病程记录中。科室术前讨论记录本由科主任指定人员记录，要与病历记录相符。

23. 如何落实危急值报告制度?

国家卫健委已明确应将危急值报告纳入实验室关键质量指标，因此医疗机构应对危急值报告执行情况进行定期（每月）检查和评估，主要评估指标包括危急值通报率、危急值通报及时率等。同时应不定期抽查危急值报告的正确率、有无漏报情况等。相关科室有检验科、心电图检查室、医学影像科（CT、腹部超声、妇产科超声、超声心动、内镜等）、核医学科（肺栓塞）等。

危急值检查项目：血钙、血钾、血糖、血气、白细胞计数、血小板计数、凝血酶原时间、活化部分凝血活酶时间及其他提示患者生命指征变化需要即刻干预的指标。

临床危急值报告制度，做到及时、准确、可追溯，指标可监控、可考核。及时：对危急值核实无误后最长的报送时间一般不超过 15 分钟，保证临床上及时采取相应措施；准确：报送结果应含患者姓名、住院号、病房、床号等信息，并要求接收者和检验科报送人员相互复述结果以确认无误。

做到医院人人掌握危急值报告项目、危急值范围和报告程序，科室建立专人负责报告制度；每年至少开展两次总结“危急值报告制度”执行情况会议。当患者在检查过程中出现危急症状时，应立即启动急诊急救应急预案；将危急值报告制度的落实执行情况纳入科室质量考核内容。对危急值项目进行修改或新增危急值项目时，应要求书面成文。

实例操作

护士对低钾血症危急值报告处理

首先复述核实无误并正确记录危急值报告；立即汇报床位医生（或值班医生）并记录（由医生在危急值登记本上签字）；通知责任护士查看患者，了解患者有无腹胀、恶心呕吐、乏力嗜睡等低钾表现，初步分析低钾血症原因。测量脉搏，必要时进行心电监护。低钾时脉搏缓而弱，心电图显示 T 波低平，出现 U 波。医生查看患者后下达口服和静脉补钾医嘱。

24. 医生的注意义务有哪几类？

注意义务是医疗过程中的一种法定义务，是确保医疗行为合法性的重要依据之一，包括一般注意义务和特殊注意义务。

一般注意义务，也称善意注意义务和保护义务，指医务人员在医疗服务过程中有对患者生命与健康利益的高度责任心，对患者人格的尊重，对医疗服务工作的敬业、忠诚和技能追求上的精益求精。

特殊注意义务，是指在具体的医疗服务过程中，医务人员负有对医疗行为所具有的危险性加以注意的具体义务。医务人员对于患者具有提供医疗服务的义务，并且对于患者所发生的疾病以及实施治疗引起的生命健康上的危险性，具有预见和防止的义务，也即高度危险注意的义务。

注意义务的主要内容包括：①医务人员的医疗行为须以救死扶伤为目的。②医方应当按照约定的内容提供服务，保证服务质量。③主治医师在医疗行为实施之前，有极尽说明的义务。④医师应当根据患者的病情实施治疗，并应征求患方的意见。⑤医务人员在诊疗护理过程中，必须遵守有关法律法规，按照医疗规范进行操作，避免医疗事故的发生。

注意义务的分类。注意义务的具体标准是按照法律法规、行政规章、医疗规范、医疗指南和临床路径等规则制度规定的标准，以高度注意的态度去实施医疗行为。但是规范的具体标准是静态的诊疗规范，对动态诊疗过程中出现的异常现象难以全面涵盖。另外，规范性文件的滞后性与诊疗水平的持续发展性也存在矛盾，只按规范标准去实施医疗行为是不够的，仍需抽象标准来补充。

抽象标准是要求医生确定医疗行为时所应具备的注意程度标准，包括执业医师的学识、技术以及态度均应符合医疗专业水准；医务人员在同一情况下所应具备的职业水平标准；基于执业医师的技术职称和对专业技术的了解、熟知、掌握，“应该”知道和／或“应当”知道的诊疗标准。执业医师有义务使自己具备相应的专业素质，并内化为基本素质并将其贯彻到日常诊疗行为中。同时，还需要结合患者情况、医院级别、医疗环境、医疗水平、医务人员勤勉尽责层面综合判断。

25. 怎样签署知情同意书?

（1）与患者及家属充分地沟通　以通俗的语言在平静的环境中正式地、如实地和患者或家属进行详谈，将疾病的适应证、禁忌证、可选择的治疗方案、可能出现的并发症、并发症出现的概率、每个患者的体质差异、对该例患者应该预见到可能出现的并发症、手术预后效果等告知患者并取得同意。

（2）告知风险和安全措施，消除疑虑　手术过程的每一步骤都应规范操作，详细描述针对可能出现的每个并发症采取的具体措施，以尽可能避免并发症发生；一旦发生并发症应使用正确医疗处理规范，并采取积极的治疗措施防止并发症损害扩大。

（3）患方声明意见　请患者及家属声明：“我已详细阅读以上医生的通俗告知，认真理解，经过慎重思考决定配合医生的本方案手术，在手术过程中如果医生在规范操作下出现不可预知的情况或并发症，风险由患方承担，承诺不追究医生的责任。”

（4）补充和修改　知情同意书是医方事前制作好的格式文件，如果患方就同意书提出问题应给予解答，双方如果认为有必要增加内容的要及时修改，有不同意见时双方协商完善，以达到双方自愿协商一致。

（5）现场当面签字　双方对知情同意书内容没有异议时应

及时当面签字。医生必须要求由具有完全民事行为能力、意识清楚、能正确表达意愿的患者本人签字。如果涉及保密性医疗措施或患者不具有签字能力时，可以由患者的近亲属签字，签字时要询问清楚签字人的身份和与患者的关系，应要求家属出示可以证明身份的证件，以免日后产生不必要的纠纷。

26. 如何落实分级护理内容？

分级护理是根据对患者病情的轻、重、缓、急及其自理能力的评估，按照护理程序制定的不同护理措施，遵医嘱给予患者不同级别的护理。这是一项基本的医院工作制度，也是护士实施临床护理的重要依据。

（1）特级护理　维持生命、实施抢救性治疗的重症监护患者；病情危重，随时可能发生病情变化需要进行抢救的患者；各种复杂手术或者大手术后、严重创伤或大面积烧伤的患者。

护理要点：严密观察患者病情变化，监测生命体征；根据医嘱，正确实施治疗、给药措施；根据医嘱，准确测量出入量；根据患者病情，正确实施基础护理和专科护理，如口腔护理、压疮护理、气道护理及管路护理等，实施安全措施；保持患者的舒适和功能体位；实施床旁交接班。

（2）一级护理　病情趋向稳定的重症患者；病情不稳定或随时可能发生变化的患者；生活完全不能自理且病情不稳定的患者；手术后或者治疗期间需要严格卧床的患者；自理能力重

度依赖的患者。

护理要点：每 1 小时巡视患者一次，观察患者病情变化；根据患者病情，测量生命体征；根据医嘱，正确实施治疗、给药措施；根据患者病情，正确实施基础护理和专科护理，如口腔护理、压疮护理、气道护理及管路护理等，实施安全措施；提供护理相关的健康指导。

（3）二级护理　病情趋于稳定或未明确诊断前，仍需观察且自理能力轻度依赖的患者；病情稳定，仍需卧床，且自理能力轻度依赖的患者；病情稳定或处于康复期，且自理能力中度依赖的患者。

护理要点：每 2 小时巡视患者一次，观察患者病情变化；根据患者病情，测量生命体征；根据医嘱，正确实施治疗、给药措施；根据患者病情，正确实施护理措施和安全措施；提供护理相关的健康指导。

（4）三级护理　对于病情稳定或处于康复期，且自理能力轻度依赖或无需依赖的患者，可以采取三级护理。

护理要点：每 3 小时巡视患者一次，观察患者病情变化；根据患者病情，测量生命体征；根据医嘱，正确实施治疗、给药措施；提供护理相关的健康指导。

27. 哪些护理操作需要签署知情同意书？

护理知情同意书是指在医疗护理过程中，患者在获得关于自己疾病治疗和护理措施利弊等信息后，做出同意或拒绝该项护理行为的书面承诺。护理知情同意包括的内涵为：提供给患者的信息是真实的、通俗的、可以理解的；该项护理行为的特征、方式、方法，实施中会出现的风险，以及防范的措施等内容项目，最后必须由患者或近亲属签字同意。

需要签署知情同意书的护理操作，包括但不限于以下内容：①电动洗胃；②三腔二囊管的操作配合；③胃肠减压术；④人工肛门护理；⑤早产儿暖箱应用及吸氧；⑥新生儿光照疗法；⑦角膜异物取出术；⑧保护性约束带的应用；⑨PICC导管置入术；⑩腹膜透析术；⑪血液透析术；⑫特殊治疗的护理操作；⑬住院患者的院外压疮；⑭患者拒绝的治疗护理，如翻身、测血压等；⑮新开展的可能有一定风险的护理新技术；⑯其他可能有风险的医疗行为（如高龄男性导尿术）等。

28. 护理巡视病房应注意哪些内容？

案例：患者任某因心肌梗死住院后死亡并发生医疗纠纷，司法鉴定意见如下：“……医方对患者医嘱为一级护理；前述资料提示被告（护士）对患者在2012年6月24日凌晨1时至6时30分间无体温、呼吸、脉搏及血压的护理记录，存在不足……”医方的前述不足不排除与患者死亡之间存在一定因果关系。法院认为，患者的死亡主要为自身疾病所致，但在患者摔倒前5小时内，护士没有为患者测量体温、呼吸、脉搏及血压，不符合一级护理规范要求，该行为不排除与患者死亡之间有一定因果关系，应当是患者死亡的次要原因，故被告（护士）应当对患者的死亡承担次要责任，判决其承担 20% 的责任并赔偿原告 99 649 元。

这个案例中的情况是现在医院普遍存在的一种现象，即巡视病房无异常就可以不记录，这是一种典型的惯性思维和固化思维。一级护理每一小时巡视一次，但无异常不记录，那么在法律上怎么证明护士去巡视了，怎么证明护士作为啦？所以，巡视无异常要记录“某时某分巡视无异常”，证明护士履行了巡视义务。

临床科室应当建立完善的护士值班制度，实行二十四小时值班制度，值班人员必须坚守岗位，完整地履行工作职责，并做好相应的值班记录，对规定的重要交接事项必须逐项清点（包括医用精神类药品、毒麻药品及医疗器械等）；对危重患者的特殊护理需要执行床头现场交接制度；值班时不得私自调换班、替班，确因急事影响值班时，应当向护士长说明，由新的值班护士到岗接班之后方能离开，并且做好交接班记录。

第 3 篇

医患沟通篇

29. 医患如何有效沟通?

中国医师协会统计，90% 以上的医患纠纷是由沟通不当造成的，一个突出现象就是医生们“不会说话”，这已成为一种医源性纠纷因素。

世界医学教育联合会在《福冈宣言》中指出，所有医生必须学会交流和处理人际关系的技能。缺少共鸣（同情）应该看作与技术不够一样，是无能力的表现。世界卫生组织（WHO）提出：21 世纪最佳医生首先是交流专家，应具备的核心能力是与患者和同行的沟通与交流能力。

医师在沟通中说话要有亲切感：有什么需要我帮忙吗？（感到医生离他很近）你的病情不乐观，我们一起努力。（感到医生很负责任）不急，慢慢讲。（患者感受到医生的关爱）你再想想，还有哪些没有问到。（增加患者的信任度）这样解释你能听懂吗？不懂的及时问。（让患者倍感温暖）精神很重要，我相信你能做到。（医生的鼓励是精神支柱）你有什么不舒服，请讲出来。（医生在了解到他们的痛苦）对这个病我们有备用方案。（告诉坏消息时，增加患者信心）很遗憾，我已经尽力了。（真诚告诉尽到责任了）病情危重，但抢救设备和药品我们都用上了，就看效果了（病情本身的风险）。

沟通中需要注意什么？态度要诚恳，有同情之心；使患者有亲切感、信任感；语言简洁，表情得体；语调平和，说话有节奏感和逻辑性；事关重大诊疗时说话留有余地；会诊、转诊必须说明白；手术前必须让患者充分知情，自主选择；如果患者病情危重，要说明“现在没有好办法，我们尽最大努力”；对醉酒、心理异常的患者，说话要把握一个“稳”字；对熟人介绍、有医学知识的患者，要取得其理解与支持；对过激者言辞不针锋相对，不火上浇油，要冷静理智，内刚外柔；要主动介绍疾病知识、本人及医院的水平，让患者有所了解，有适当的心理准备和合理的期望值。

用词幽默可减轻患者紧张。内科医生：心脏像发动机，冠脉像油路，传导系统像电路；外科医生：术中器官粘连就像下饺子粘一起；妇科医生：嘿，您可不能跟进去呀，那里面就像女厕所；儿科医生：发热就像火炉上烧水，退烧药就像浇凉水；检查科室：心脏彩超是看屋子多大，心电图是看电路通不通，造影是看管子堵不堵……

沟通中说了多少不重要，重要的是患者接受了多少，只有达到有效沟通，避免了误会，纠纷才会减少。

30. 什么是医患沟通的原则?

医务人员不仅要会用医疗技术治疗患者的疾病，还要学会用医患沟通技能减轻患者的痛苦，只有这样，才能令治疗更顺畅，医患关系更和谐。医务人员在医患沟通中应当掌握以下五个原则。

（1）诚信原则　医患沟通的诚信原则包括两方面的含义。首先是相互信任。医务人员需要赢得患者的信任，这将决定患者是否能够与医务团队良好合作，确保诊疗工作有序进行。同样，患者也应该充分信任医务人员，以尊重医学知识并满足诊疗的需求。其次是相互负责。医务人员对患者应该具备高度的责任感，而患者则需要对自己的疾病承担责任，及时就医并提供真实信息，同时严格遵守医嘱。诚信是一种相互的态度，医患之间的关系应该像过去战友之间的关系一样坚不可摧。只有在医患相互高度信任的基础上，医生才敢于实施一些高难度的手术，患者也才有可能获得更多的生存机会。此外，这种信任还能推动医学的进步，让更多的患者受益。

诚信不是一场零和博弈，而是共赢。它经得起时间的考验和岁月的洗礼。只有在诚信的基础上，医患才能够真正建立起一种互相支持、互相信赖的关系，从而让患者获得更好的医疗服务。

（2）平等原则　我们常说的医患平等，就是指在医患之间要保持人格上的平等，尊重患者的人权。患者首先是社会上的人，其次才是需要医疗帮助的人。医患平等还有另外一方面的内涵：

医患双方应该是合作伙伴关系。从医学哲学的角度来看，医生和患者并不是对立的双方，而是共同面对一个对立方，那就是疾病。医患双方的共同目标是战胜疾病，恢复患者的健康。医患之间就像是战场上的战友一样，他们共同面对的敌人是疾病和危害健康的因素。在这个过程中，团结是取胜的关键。医务人员不能因为自己具有专业知识的优势而傲慢对待患者，相反，应该以平等的态度对待患者，让患者从内心深处感受到医务人员所带来的温暖。这样反而能够得到患者的理解和尊重。

（3）换位思考原则　换位思考是指从对方的角度来思考问题，设身处地去理解对方的想法和需求。这样做通常会拓宽我们的思路，使我们能够更全面、更具针对性地考虑问题。与换位思考相关的两个词是“感同身受”和“同理心”。“感同身受”意味着认同患者的感受并表示理解；而“同理心”则是站在当事人的立场上客观理解其内心感受，并将这种理解传达给当事人的一种交流方式。同理心就是设身处地去感受、去体谅他人，将自己放在对方的位置上思考问题。我们可以简单地理解同理心为一种以对方的立场思考问题的方式，也可以说是将心比心。同理心可以分为不同层次，比如医学生阶段：只见人，不见病；住院医师阶段：只见病，不见人；主治医师阶段：看见了人身上的病；正、副主任医师阶段：看见了有病的人。当然，这种划分只是一个粗略的描述，并不一定准确，它只是为了说明一个问题：医生的成长是一个逐渐积累经验的过程，从学生到专家并非一蹴而就。早在 100 年前，威廉·奥斯勒就曾经尖锐地指出，医学实践的弊端在于科学与人文的断裂、技术进步与人道主义的疏离。在失去人文关怀，将医学仅仅看作是一门技术时，人们的眼中就只有病没有人，这就从根本上背离了医学以人为本的初衷。

（4）保密原则　大众对于涉及患者隐私的致病原因（如性病、艾滋病、吸毒等），可能会有其社会的、道德伦理的、法律的评判和态度。此时医师应努力使患者明白，自己仅关注致病的原因，而不涉及其他方面的评判。医师面对的仅仅是患者，追求的是弄清致病的原因，从而更好地治病，这样就不会在言行方面形成对患者的压力，而仅仅是表达医者对患者的关怀和同情。

为了更好地履行保密义务，医务人员应该从观念上高度重视对患者隐私权的尊重和保护。他们需要准确、适度、合理地界定医疗行为的范围，并有效行使自身权利，以保护患者的权益不受侵犯，同时确保医疗活动的正常进行。这就要求医务人员自觉养成保护患者隐私的良好习惯。在工作中，医务人员应严守职业道德，遵守法律法规，切实保护患者的隐私权，不得将患者的相关隐私或特殊病情透露给与该患者治疗无关的其他人员。医务人员需要注意控制信息的传播，只在必要的情况下与其他医务人员共享合适的患者信息，且需经过患者同意或符合相关法律法规的规定。此外，在医疗环境中，医务人员还应采取必要的技术和举措，确保患者隐私的安全。例如，保护电子病历系统的安全性，限制访问权限，加密存储敏感信息等。总之，医务人员需要时刻牢记保护患者隐私的重要性，培养良好的保密意识和工作习惯，以确保患者的隐私得到充分尊重和保护。

（5）共同参与原则　医疗不仅仅是医护人员的事，更需要患方参与，如果在诊疗过程中患方积极参与，那么医患就会形成合力，更有利于患者的治疗。我们所说医患共同参与，主要包括三层意思：一是坚持整体性认识理念，医患之间从生理、心理与社会适应状态方面进行全方位信息交流；二是及时反馈各种信息，在医方主导下，对双方所需信息进行确认；三是建立全程诊疗沟通体系，在诊疗的全过程中，采取分阶段、有目标、具体化和开诚布公的沟通。

31. 加强医患沟通是否可以提高诊断的正确性?

研究发现，患者的话靠谱比各种辅助检查管用。要精准诊断疾病，医生得了解疾病的起因和发展过程，这就是病史采集和体格检查的交流环节。这个环节有多好，直接影响采集的可靠度和检查的可信度，还决定着诊断靠不靠谱。所以，医生主动跟患者聊天，首先是为了知道更多病情，然后才能加以分析、研究，最终给出诊断。聊得越多，信息越全面，医生的判断就越准确。举个例子，患者自己最了解自己身体的怪异之处，而医生可能检查不到。比如说，药物过敏情况，只有患者自己才知道。如果医生没仔细询问，结果使用了不该用的药物，患者就会过敏闹事。

只有治疗方案按部就班执行，医护活动顺利进行，才能提高医疗质量。而为了保证这些，患者和家属必须信任医生、理解医生、配合医生，还得合理听从医嘱。这就需要医生跟患者交流，讨论诊断、检查、治疗方案、可能的并发症和风险、预后甚至费用等事项，争取患者对医生的理解和配合。

可是在咱们国家呢，好多医生都忽视了病史采集和体格检查，过度依赖检验报告。这不仅让患者伤心、花冤枉钱，而且也埋下了纠纷的种子。所以，咱们要重视医患交流和沟通，充分挖掘疾病相关信息，提高诊断准确性，保证治疗计划的顺利执行。

32. 加强医患沟通是否可以提高患者依从性？

医学这家伙可不简单，专业性强得要命。有些患者在听医务人员讲专业问题时，因为对医学的风险和局限一窍不通，导致他们不按医嘱行事、不信任医生的诊断和治疗。这种情况还挺多的。

其实，在就医过程中，患者和家属往往处于被动状态，也不完全了解情况。他们在治疗疾病的过程中依赖医务人员的专业服务和指导。但是，如果他们不太懂那些专业技术的目的，就不太会乖乖听从医嘱，结果就是依从性差，影响治疗效果。

俗话说得好，依从性就是看你愿不愿意按医嘱来。当然，患者依从性差，无非有以下几个原因：专业知识缺乏，对疾病了解不够，治疗效果不明显时产生怀疑，还有就是没养成良好的生活习惯。

患者依从性教育的重要性可不容小觑，医务人员得掌握一套顺畅又有效的沟通方法。咋办呢？听我给你支招！

第一，咱们得从患者的角度出发，把诊疗方案简化一下，这样能提高患者的依从性。别让他们被一堆专业术语搞得头晕眼花，那太吓人了。

第二，加强健康宣教，传播医学知识。医生在和患者沟通时，不仅可以说，还可以写。把患者注意事项和医嘱写清楚，方便他们回家执行，还能省去找不到医嘱的尴尬。

第三，规范患者行为。医护人员要了解患者是不是真正遵医嘱了。如果他们有遵守问题，咱们得有针对性地告知怎么吃药、什么时候复查之类的。得让他们明白，医嘱可不是随便编的，而是有针对性的。

第四，医务人员得好好和患者交流，赢得他们的信任。医生不能只说“你得遵医嘱”，还要了解患者遵医嘱的感受和困难。得时刻鼓励和安慰他们，让治疗顺利进行。

第五，医务人员在和患者聊天时，得放下对患者的偏见。让患者开诚布公地表达自己的感受和需求，别漏掉重要信息，不然就麻烦了。

希波克拉底曾坦言：“了解患者比了解疾病本身更重要。”若单单了解此种疾病但对患者知之甚少，医疗活动必然无法顺利进行；反之，如果对患者的情况了如指掌，无论是对上级医生交代病情，抑或给患者下达医嘱都会进行得比较顺利。因此，医生需要与患者进行有效的沟通，全面地了解患者的相关信息，既包括医疗信息也包括家庭信息等，这样才能充分取得患者和家属的信任，提高患者依从性，保障医疗质量，防范发生纠纷。

33. 加强医患沟通能否提高患者满意度?

患者满意度是指人们由于健康、疾病、生命质量等方面的要求而对医疗保健服务产生某种期望，然后对所经历的医疗保健服务进行比较后形成的情感状态的反映。患者满意度是评价医患关系的重要指标，而医患的有效沟通是决定患者满意度的关键因素之一。

患者对医院、医务人员是否满意，不仅取决于医生所给予的诊断和治疗是否合理，还取决于医生是否耐心、是否认真、是否有同情心、是否有融洽的医患关系，而这些都要通过医患之间的沟通来实现。目前医患沟通不足、沟通障碍现象相当普遍，是引起医患矛盾甚至医疗事故争议的重要原因。

医患沟通可以有效地减少医患矛盾，从而提高患者满意度。掌握专业的技术是医生所必须具备的技能，但学会如何与患者沟通更是对医生专业水平的一种肯定与升华。在实际的医患交往中，会沟通的医生往往更能收获患者的肯定与表扬，而在这方面做得比较差的医生很多时候得到的却是患者诸如此类的抱怨："大夫技术是挺好，但是态度不怎么样啊"，或者"我绝对相信大夫的水平，但是他的态度让我很生气"等。

第 3 篇　医患沟通篇

医患沟通可以加强患者对医务人员的信任、理解与尊重，是提高患者满意度、减少医疗纠纷的有效途径之一。

34. 沟通和技术哪个更重要？

电视剧《心术》中有一段科室主任与女医生的对话，大意是说女医生那么漂亮、技术也很好，为什么老板着脸，有患者投诉呢？女医生回答：“我是医生，靠的是技术吃饭，不是靠笑脸吃饭，我卖技不卖艺。”这里显示出这位女医生对沟通的误解和不重视。

中国医师协会的一项调查表明，90% 以上的医疗纠纷是沟通不到位引起的，在当今医患关系紧张状态下，沟通显得特别重要。

可是医生压力大、工作繁忙，为什么还要主动与患者沟通呢？

首先是医患之间掌握的医疗信息不对等，双方的社会角色有区别，要考虑到社会上各型各色的患者理解能力和知识水平是参差不齐的；再次是临床需要了解更多的患者信息，有效沟通可以消除患者对医生的误解，也是医生保护自身的需要。当下心身疾病患者数量在不断增加，如高血压、糖尿病、冠心病、哮喘病、肥胖症、癌症、不孕不育等都属于心身疾病范畴，新医学模式的转换需要医生必须学会沟通，还要学会有效沟通。

35. 怎样做一名会沟通的医生?

随着生物–心理–社会医学模式的发展，医患沟通在医患关系中起着越来越重要的作用。然而就我们国家医学教育的现状而言，“重技术轻人文”是不争的事实。医务工作者的沟通能力往往是来自天赋与经验，沟通能力参差不齐。其实沟通能力是完全可以通过系统的训练提升的，我们在临床工作中稍加用心就能达到很好的效果。

（1）谈话环境　对于比较重要的谈话，如术前风险告知、投诉接待，尽量保证环境相对独立，以保护患者个人隐私。对于临床沟通而言，患者如果感到其他患者可以听到自己与医生所有的对话，就不太可能透露敏感的个人信息。尽量保证环境舒适，如合适的照明和温度让人感觉放松，有利于缓解患者的紧张感与焦虑心态，改善沟通的效果。患者与医务工作者应保持一米的距离。

（2）谈话的开始　医务人员请患者坐下并问候患者，最好称呼名字（如“张先生/老张，你好”），这样有利于拉近与患者的距离，让患者感到自己受到重视，自己的病情可以被医生所理解。医务人员先做自我介绍（特别是低年资医师、医学生），有助于消除陌生感，有利于缓解患者就医时的不安情绪。要准确解释谈话的目的，对于术前告知、危重病情告知等重要谈话，应在开始时明确谈话目的，这样有利于突出谈话重点。

（3）谈话的过程　保持良好的气氛、热情的态度和得体的视线接触，这是任何交谈的基本礼仪。开始谈话时应开放性地提出问题，与患者交谈的目的之一就是获得与患者的疾病有关的信息。这些信息必须尽量准确、完整、与疾病相关，开放性提问便于信息的收集。患者说话时要认真听，认真倾听不仅是获得患者主诉的重要途径，并且会使患者对认真听他们叙述的医生心存感激，有利于建立医患信任关系。

（4）谈话的结束　适当的总结会事半功倍，有利于突出谈话重点。总结患者所谈的内容，并询问患者总结是否准确，这一过程有利于给患者机会纠正误解，确认医生对患者信息理解的准确性；回顾患者的陈述，有利于确立主题；总结谈话也使患者知道你在认真倾听，你可以理解他的病情，这一点对于建立医患信任关系而言非常重要；询问患者想要补充什么，进一步确认谈话的完整性，避免遗漏关键问题。最后用感谢结束谈话，简单的表示会让患者感到备受尊重。

36. 哪些话临床医生不能说？

医疗行业是一个特殊的行业，具有许多未知的问题和风险，医生的每一句话对患者都很重要，所以讲话应注意方式、保持稳重和把握分寸。有些话患者可以说、家属可以说、别人可以说，但是临床医生却不能说，比如以下几类。

不讲文明的生冷话：生、冷、硬、顶，使人不舒服难以接受。

不着边际的外行话：不谦虚、不谨慎，夸夸其谈，主观臆测。

不顾后果的刺激话：不顾及患者的感受和情绪的刺激话。

不负责任的议论话：说话随便，对患者评头论足，有意贬低。

不留余地的绝对话：“这病肯定能治好，没事。”

“这事不归我管，你是医生我是医生？”

“你说什么我听不懂、不知道！”

患者问有事吗，答“没事”；急诊时随口说“不要紧”。

特殊治疗时说“没问题”；对慢病患者说“能治好”。

忌谈个人隐私话题；忌命令式地告知患者；忌埋怨、责怪和生硬的语气；忌用粗话、脏话、伤人的话；忌用让人羞涩的语言。

医生在说话时态度要诚恳，有同情之心；使患者有亲切感、信任感；语言简洁，表情得体；语调平和，说话有节奏感和逻辑性；事关重大诊疗时说话留有余地；会诊、转诊必须说明白；手术前必须让患者充分知情，自主选择；对醉酒、心理异常的患者，说话要把握一个“稳”字；主动介绍疾病知识，介绍本人及医院的水平，让患者有所了解，有适当的心理准备和合理的期望值。

37. 如何通过促进医患沟通减少医疗投诉？

《医疗机构投诉管理办法》第十九条规定：医疗机构应当建立健全医患沟通机制，完善医患沟通内容，加强对医务人员医患沟通技巧的培训，提高医患沟通能力。

医务人员对患者在诊疗过程中提出的咨询、意见和建议，应当耐心解释、说明，并按照规定进行处理。对患者就诊疗行为提出的疑问，应当及时予以核实、自查，并与患者沟通，如实说明情况。

为推进医患沟通，医疗机构在建立健全医患沟通机制时，至少应当考虑以下几方面的内容。

（1）医患沟通的时限和内容规定　这是对于门急诊患者、住院患者与医务人员之间进行正式沟通的时限和内容做出规定。例如有的医疗机构要求住院患者的主管医师必须在患者住院后12小时内（急症患者必须在2小时内）针对疾病的初步诊断、可能病因、诊疗原则、进一步拟行检查的内容、饮食休息注意事项等事宜做充分的沟通。

（2）医患沟通的主体规定　这是对参与医患沟通的双方主体身份进行规定。例如就医方而言，有的医疗机构规定一般医患沟通由主管医师负责，涉及重大事宜的沟通由主治医生以上医师负责，手术知情同意的沟通由主刀医师负责等。就患方而言，对于具备完全民事行为能力的患者，医患沟通的对象一般是患者本人；对于不具备完全民事行为能力的患者，沟通的对象则应当是对其承担监护责任的人员。另外，按照《民法典》《基本医疗卫生与健康促进法》《医疗纠纷预防和处理条例》等法律、法规要求，在特殊的情况下，应当与患者近亲属进行沟通。有的医疗机构规定，在说明重要信息和准备做出关键决策时，在征得患者本人同意的前提下应建议患者近亲属参加。

（3）医患沟通的特定规定　这是针对特定情形必须进行医患沟通的要求。例如按照《民法典》《基本医疗卫生与健康促进法》

《医疗纠纷预防和处理条例》的相关要求，需要实施手术或者开展临床试验等存在一定风险性、可能发生不良后果的特殊检查或特殊治疗的，医务人员应当及时向患者说明医疗风险、替代医疗方案等情况，并取得其书面（明确）同意。紧急情况下不能取得患者或者其近亲属同意的，经医疗机构负责人或者授权的负责人批准，可以立即实施相应的医疗措施。

（4）医患沟通的记录要求　医疗机构在医患沟通制度中应当对规范记录重要医患沟通的过程和结果做出规定，最好能够统一记录文件的格式。该医患沟通记录文件应留存保管。

38. 医患沟通小技巧有哪些?

心理学告诉我们，一个人的成功约有 15% 取决于知识和技能，85% 取决于沟通。善于沟通的人，往往令人尊敬、受人爱戴、得人拥护。那么，什么样的沟通方式能让人感觉舒服呢?

（1）带给患者好的感觉　患病是一件痛苦的事情，我们要带给患者视觉上的被关注感，听觉上的亲切感，内容上的新鲜感和环境上的舒适感。

（2）赞美患者的勇气　当患者配合医生完成一项治疗时要赞美他“有意志力”“很坚强”“您很棒”，以增强患者的自信心。

（3）多使用表情和副语言　一个信息总效果＝ 7% 的词语＋ 38% 的语调＋ 55% 的眼神和面部表情、目光接触、肢体动作、姿势及身体接触。60% 的信息是通过非语言沟通获得的。副语言是指“您”“好吗”“啊”“嗯”等语气辅助用词。注意声调、音量、节奏。

（4）让患者签字时的注意事项　患者入院查体后及时签署《住院患者知情同意书》，根据病情变化和检验结果要灵活地与患者沟通。要尊重患者、平等地对待患者。解释的时候要耐心，重要问题要重复并且让患者复述。

（5）讲话要温和，态度要诚恳，有同情之心　讲话要让患者觉得有亲切感、信任感。语言简洁，表情得体。语调平和，说话有节奏感和逻辑性。

（6）不同情况不同对待　事关重大诊疗时说话留有余地；会诊、转诊必须说明白；手术前必须让患者充分知情，自主选择；对醉酒、心理异常的患者，说话尤其要把握一个“稳”字。

（7）真实客观　要主动介绍疾病知识、本人及医院的水平，让患者有所了解，有适当的心理准备和期望值。

（8）沟通有规范　五个要求：诚信、尊重、同情、耐心、关怀。二个技巧：倾听和介绍。三个掌握：病情、治疗和心理因素。四个留意：情绪、沟通、期望值、情绪控制。五个方式：针对性、交换对象、集体、书面和协调沟通。

（9）特殊情况沟通　在患者生气发怒时表示“我能理解你的心情”；对慌乱无措的患者或家属，医务人员不能慌乱；当患者哭泣时，不要过早制止；抑郁的患者，病情严重的患者，以封闭式提问为好，只需要回答“是”或“否”；对感觉有缺陷的患者，用手势和面部表情来辅助表达。

（10）用比喻来沟通　手术有风险，就像开车上路有可能出交通事故的风险。时间越长，开的路程越长，风险越大。医生就像司机，经验越多越安全，新司机容易出事故。心脏检查中心电图是看电路通不通，冠脉造影是看油路通不通，彩超是看房间有没有变化。组织器官粘连就像下饺子一样，有两个粘一起了，分开的时候其中一个容易破皮。

39. 遭遇醉酒患者引发冲突时应如何处理？

医务人员在诊疗工作中或者投诉接待工作中经常会遭遇醉酒患者引发的冲突，醉酒患者因醉酒状态神志不清，不能清醒正常地接受诊疗或者解决问题，常常会出言不逊甚至动手殴打医务人员，因此医务人员做好自我保护并避免受到伤害至关重要。

（1）保护自身　避免言谈举止招惹醉酒者，以免引发冲突。一旦发现有冲突的趋势，及时呼叫同事或保卫人员协助。发生冲突时，要及时撤离冲突现场。

（2）寻求协助　医务人员要相互协作，避免冲突。在发生冲突时要协作避免冲突升级。保卫人员接到医务人员呼叫后，须及时到场进行处理，保障人身及财产安全。

（3）保全证据　急诊科是医院医疗纠纷高发科室，对于重点科室重点区域要加强视频监控，一方面利于保卫人员及时发现冲突、及时到场协助，另一方面便于视频证据的留存。若发生冲突，现场人员也应注意通过拍照、录像等方式留存证据。

（4）及时报警　如果醉酒者发生扰乱就诊秩序的行为，在及时呼叫保卫人员的同时要立即报警。根据《中华人民共和国治安管理处罚法》第十五条，“醉酒的人违反治安管理的，应当给予处罚。醉酒的人在醉酒状态中，对本人有危险或者对他人的人身、财产或者公共安全有威胁的，应当对其采取保护性措施约束至酒醒。”对闹事的醉酒者采取约束措施是警察的工作职责，既能保护人员安全，又便于警方对现场进行取证，同时能避免保安在阻拦时处置不当的风险。毕竟警察有执法权，医院保卫人员的行为只是维持安保秩序，层级不同。医疗机构应加强与警方的协作。

40. 发生纠纷后医务人员是否应该相互补台？

在临床工作中，我们有时会遇到因为同行的一句话导致不必要纠纷的情况；同样因为同行的一句话，也可能化解了将要发生的纠纷。所以说同行之间的拆台和补台，小而言之，关系到医患和谐；大而言之，关系到社会的稳定。

【案例】一位骨折患者的家属拿着某基层医院做手术后拍摄的 X 线片到省会三甲医院就诊，当时该患者已做过内固定术，但骨折未达到解剖复位，基本达到功能复位，患者家属虽不懂医但也能粗看骨折部位对位不齐，面露不满请专家会诊。该专家仔细读片后实事求是地说：“骨折未达到解剖复位，复位不是十分理想。”接着专家又说，“由于该骨折靠近关节，不规则，且呈粉碎性骨折，骨折近端又是肌腱附着点，肌肉牵拉力量大，不但复位困难，就是勉强复位固定也困难，在基层医院能做到这个程度已属不易，就是在三甲医院也不一定比这做得更好，而该患者骨折基本达到功能复位，骨折愈合后对工作、生活没有太大影响。”然后专家解释了何谓解剖复位、何谓功能复位，二者有何异同，为何功能复位在特定情况下可以接受等，又告知了注意事项。等会诊结束后，患者家属的面色已雨过天晴，有如释重负之感，想必回去后不会去找当事医师和医院的麻烦。而该专家也恪守了一名医务人员应有的底线，坚持了科学精神，解惑答疑，息纷止争，在不违反原则的情况下保护了基层医务人员，做人也显得很厚道。

如果换种处理方式，该专家一看片子就说：“这手术是谁做的，你看这骨折复位怎么复的，对得这么差，这样的片子怎么拿得出手，你处理不了可以转到有能力处理的医院嘛。”听专家这么一说，一个医疗纠纷可能就产生了，而且还很难处理。省里的专家都这么说了，其他人的劝解家属就不会再听进去，当事医生会如坐针毡，当事医院也会不得安宁。

但是补台并不是无原则的包庇，而是应本着尊重科学、尊重事实、尊重同行的精神，谨言慎行，不做文人相轻、诋毁同行之举，更不应以邻为壑，那就有违医者的良知了。要考虑到该医疗行为是在当时的条件、当时的诊疗环境下产生的，如果诊疗有问题应考虑如何在现有状况下为患者提供最好的补救方案，最大限度地减少对患者的损害。即使当时医师诊疗存在过错，由于接手医师可能并不了解当时的具体情况，最好也不要做出定性的负面评价，只对现有病情做出恰如其分的诊断。如果患者家属要追究当时医师的责任，作为第三方接手医师也可正面告知患方要依法维权，不要采取医闹的方式去讨说法。很多时候，第三方说话往往比当事方说话管用，这样会引导患方在法律的框架下去解决问题，对医患关系和社会稳定也会起到正面的作用。

所以说，补台可以体现一名医务人员的胸襟，也是一名医务人员有医德的表现，这样做不仅可以得到同行的尊重，最终也会得到患者的尊重。

41. 如何回答在投诉接待中遇到的疑难问题？

在医疗机构投诉接待工作中，工作人员经常会遇到一些棘手的、无法回答的问题，但又不能置之不理，那么在遇到这种情况时，如何应对更妥善呢？

在医患办处理的医疗纠纷中，最棘手的莫过于患者不幸去世引起的纠纷。患者家属无法承受突然失去亲人的痛苦，几近崩溃的哭闹、撕心裂肺的声讨、气急败坏的怒骂都会在第一时间发泄在医患办工作人员身上。接待人员要一边默默忍受患方情绪的发泄，一边安抚家属情绪，同时依法维护医患双方的合法权益。遇到此类纠纷，很多患者家属会质问医疗机构：“你们说，医院到底有没有责任？我们一条命到底值多少钱？”

“一条命值多少钱”，这种问题确实无法回答，生命是无价的，怎么能用金钱衡量？这是对生命的不尊重，更是对灵魂的亵渎。但如果患者在诊疗过程中发生不幸，损害后果和医务人员的医疗行为存在因果关系，医疗机构又该如何承担责任？这是无人愿意触及但又必须面对的事情，只能通过冷冰冰的数字来解决问题。这些数字固然冰冷，但此时却又必须存在，而且是理性又中立的存在，此时我们医患办工作人员要做的是如何让这些冰冷的数字有些许温度，要尽量抚平患者家属的伤痛，还要保持应有的冷静和理智，依法维护医患双方的合法权益，所以此时，工作人员肩负重任。

第一，如果患者家属情绪激动或是伤心欲绝，此时所有的安抚和劝慰都显得很苍白，更不能直截了当地回答这样尖锐的问题，患者亲属此时提出问题并不是真的期许得到确切回答，更多的只是情感的宣泄。这时最好的沟通方式就是默默陪伴，倒一杯热水，搬一把椅子，有同理心地倾听，给予适当的安慰……

第二，逃避并不是解决问题的方法，“狂风暴雨”过后总要直面现实。我们一方面要理解患者家属的心情，另一方面还要引导患方理智地解决问题。如何表达才能让对方更能接受，虽然这时候说什么都很无力，但总要表达，比如向家属表示：“世上最宝贵的就是生命，根本无法用金钱去衡量，发生了这样的后果，我们任何一方都不愿意看到，但事情已经发生，我们只能坚强面对，现在我们一起努力，尽快把问题妥善解决。您此时的心情我特别理解，您自己也要保重身体。”此时的安抚和劝慰会适当缓解家属激动的情绪，建立良好的互信关系，有利于问题平稳妥善的解决。

第三，医患双方最终要在能够心平气和地去谈实质性问题的时候，再去触碰生命价值的问题。工作人员可以表示："从感情上讲，我们都明白生命无价，但在法律上，如果医疗机构确实存在过错，我们只能通过赔偿来承担责任。按照《民法典》的相关规定，医疗机构按照责任程度不同应当承担医疗费、死亡赔偿金、丧葬费、被扶养人生活费、精神损害抚慰金等，希望咱们能够尽快启动调解程序，通过第三方判定医疗机构是否存在过错，该我们承担的责任我们一定承担！"

生命无法用金钱衡量，失去亲人的痛苦更无法用金钱弥补。任何一位医务人员都不愿意看到自己救治的患者不幸离世，但有些医疗风险具有不可避免性、类型复杂性、危害严重性等特点，面对病情危重的患者，我们不仅应当提高责任心，更要加强医患沟通，尽量避免让患者家属问出"一条命值多少钱"这样的问题！

42. 应注意哪些有纠纷隐患的患者？

医务人员在判断患者风险高低时，往往都是从病情角度做出的技术判断，而很少从社会角度做人文判断。然而，病患的高风险并不一定是病情的高风险，还有一些社会高风险因素也值得重视。哪些社会因素可能导致风险的发生呢？中国政法大学刘鑫教授曾经发布过一项高风险病患人群调研结果，刘教授指出，有以下因素之一的应当引起重视，有三条以上的应当重点沟通，避免矛盾和纠纷的产生。

这些高风险因素包括：患者有心理、精神问题的；患者没有医保的；患者属于特殊身份人群的；患者住院预交金不足的；患者与其他医院发生过医疗纠纷的；患者在住院期间产生医疗欠费的；患者有一些明显的社会问题经历的，比如下岗、吸毒等情况；患者需要使用贵重自费药品或耗材的；患者或家属在诊疗过程中有表现出不满情绪的；患者在诊疗过程中指定医生、护士诊疗的；患者或家属表现出对治疗期望值过高的；熟人介绍的患者；预计手术治疗效果不佳的；长期慢性病患者；已经发生院内感染或者有可能感染的；患者发生死亡的；患方有家庭内部矛盾或关系不和睦的；患者有其他纠纷涉及责任推诿情况的；患者或家属在诊疗过程中对医务人员交代病情表现出不理解的。

医务人员在接诊过程中不仅要考虑患者病情的因素，还应该和患方充分沟通，了解患者的精神状况、家庭状况、经济状况、就医需求等客观因素，避免沟通不畅或者患方期望值过高引发的纠纷。

43. 如何面对“神逻辑”的投诉患者？

美国作家阿里·阿莫萨维写了一本书叫《神逻辑》，分析了不讲理的人为什么总有理。其实有很多人确实是不由自主地生活在自己的逻辑中，因为他的逻辑是与常理不符的“神逻辑”，而让他屡屡感到异常痛苦。我们接待的很多患者就是因为他们的“神逻辑”对医疗机构或者医务人员产生不满。

在投诉接待过程中，只有理解了他们的逻辑才能解开他们心中的千千结。比如我们在工作中经常会收到这种投诉：“大夫，我这个人是非常通情达理的，我是因为不舒服才来看病的，主管医生给我开具了那么多检查的目的就是检查出我不舒服的原因，可是我做了那么多检查都没查出来，检查不就白做了吗？钱不就白花了吗？我不追究你们责任就是了，但我的检查费必须退给我！”再比如：“大夫，你们医院就是救死扶伤为人民服务的地方，看病就应该急病人所急，想病人所想，虽然我来晚了一点点，不过才十一点嘛，专家为什么就不能给我加个号呢？他连个号都不给我加，实在是太没有医德了，这种人就不配做专家，不配做大夫！！！”面对这种“神逻辑”，我们该如何对待处理呢？

首先我们要接受这种“神逻辑”的存在。每个人在成长的过程中，逐渐形成了人生观、世界观、价值观，通过和不同的人接触，我们会发现，人与人之间的三观差异很大，每个人会用自己的价值观去衡量各自的处境和遇到的问题，而每个人的言行又会受到不同价值观的支配，因此，过分强调自己利益的时候，逻辑思维方式就会走向和大众不同的方向，“神逻辑”自然会产生。但他们并不是不讲理，只是深陷在自己的逻辑当中不能自拔，因此，面对有“神逻辑”的患者我们要深表理解。

那我们在工作中应该如何面对这种“神逻辑”呢?

(1)搞清根本矛盾是什么　在接待“神逻辑”投诉患者时,一定要让对方充分倾诉,我们则要耐心倾听,通过倾听分析出医患双方的根本矛盾到底是什么。

要求退费的患者的根本矛盾是病没检查出来;要求加号的患者的根本矛盾是没挂上号。

(2)思考清楚问题能解决到什么程度　千万不要被对方的“神逻辑”搅乱思路,而是坚持按照医院的工作制度、工作原则分析出哪些问题我们能解决,哪些问题解决不了。

要求退费的患者纠结的是没查出来疾病,那我们可以调查清楚情况,建议做好进一步检查但无法退费;要求加号的患者投诉医生不给加号没有医德,如果医生存在态度问题可以解决,但加号要求无法满足。

(3)尽可能理解对方,给予尊重,并协商解决方法　面对“神逻辑”,我们要试着换位思考,了解对方的处境和想法,并试着找到共赢的解决方式。

“大姐,您说的真有道理,咱上医院就是来看病的,查了一溜够没查出病来真是有点闹心,我刚才和临床主任联系了,您的病他已经大概有个判断,一会儿把主任请过来给您讲讲,也许还需要再做两项检查,就能对症治疗了!”

“大哥,您说得对,医生的医德太重要了,但我刚问了专家,他出完门诊马上就要给病房的一个急症患者做手术。您这病不属于急症,所以真抱歉,没法给您加号了。您别急,把手机拿出来,我教您如何网上预约挂专家号，约好了您再来，下回来了就一准能看上了！”

耐心听对方把他的情况讲完，简明扼要阐述清楚我方的观点，当然要尽量站在对方的立场理解他的想法，满足他的要求，解决他的问题，很多矛盾就会迎刃而解了。

（4）记住面对“神逻辑”不否定、不争论　当遭遇“神逻辑”患者时，千万记住不要说对方讲的道理不对，除非你认为自己有足够的能力击溃他的价值体系，否则就要尽量弄清楚逻辑谬误在哪儿，然后将计就计，只要把矛盾解决就是硬道理！

当然，我们要始终坚信一个事实，所有的患者到医院来都是为了把病看好，在就诊过程中产生不满实属难免，用一份宽容、理解、善良、修养体谅对方的感受，“神逻辑”难题自然会迎刃而解。

44. 为了构建医患和谐，医务人员该怎么做?

国家正在下大力深化医药卫生体制改革，建立医疗质量和医疗安全的防范机制，坚持体制机制创新，优化医患纠纷、医患矛盾的化解机制。那么构建和谐医患关系，除了来自社会的努力外，我们医务人员要做些什么?

（1）运用新的医学模式更新我们的思想　医生以治病救人为天职，“医”和“患”绝不是对立的，而像同一战壕的战友一样，应该是人世间最亲密的关系之一。医患关系的实质是健康利益的共同体。只有医患双方团结一心、“同仇敌忾”，才能最终战胜病魔。因此，医生不仅仅是看病，更重要的是看生病的人，要从心理、社会方面把握和了解患病的人。

（2）降低患者的期望值　医生不是无所不能的神，医学科学存在很大的局限性，当今1/3的病可以治好，1/3的病不治也好，1/3的病治也不好。面对患者及家属的高期望值，医生不可轻易做承诺，不能说“没事”，更不能说能“包治除根”之类的话语。

（3）加强有效沟通　消除导致医患沟通不顺畅的因素，了解患者的各种心理变化，消除医患之间存在的障碍，提高沟通技巧，善于换位思考。要认识到技术有限，而大爱无疆。要多听听患者的诉求，多关心患者的疾苦，多留意患者的情绪，多关注患者的感受。把沟通和技术放在一样重要的位置，有时“话疗”比化疗还有效。

（4）医务工作者要加强人文修养　多多给予患者人文关怀，患者如果能更加体谅医生的压力和辛苦，相信双方纵使遇到不愉快，也能心平气和地达成共识。

45. 患方不配合治疗怎么办?

临床上医生精心为患者制订了治疗方案，而患者或家属因种种原因拒绝，给医生的工作带来了困难，这时医生应该冷静分析其拒绝的原因，然后对症处理化解矛盾和纠纷。

（1）尊重患方的选择权　若患者或家属对医生的治疗方案

不明白、不清楚，甚至误解，医生就应该给出充分的理由，向患方说明，同时说明采用建议的治疗方案更适宜患者目前的病情，如果有必要，年轻的下级医生可以请上级医生或科主任出面与患方沟通，这会增加患方的信任感。

（2）患者有配合医生治疗的义务　患者或家属可能对治疗的最终期望与医生的最终期望不一致，此种情况又分为患方的最终期望过高和较低两种。患方的期望过高时，可能要求采用非常积极的治疗方案，对一些“道听途说”的疗效不确定的方法也想积极尝试，医生应该冷静考虑患方的想法，结合患者的实际，客观评价其作用，分析其可能给患者带来的利弊，给患方一个明确的建议。患方的期望较低，常见于一些老年慢性病患者，久病在床，家属因种种原因已经不太愿意积极地投入精力和金钱为其治疗，所以会拒绝医生提出的很多诊治方案。这时医生也要弄清楚家属和患者的真实想法，优先尊重患者本人的意愿，如果患者已经不能正常表达其意愿，就应优先尊重其授权委托人的意见，并在病历中详细记录，请患方授权委托人签字确认。

（3）医疗人性化服务　若患者或家属因为经济原因，承担不起相应的治疗费用，此时医生应该充分考虑患方的困难，力争在患方能承受的范围内调整治疗方案，为其选择一个相对价廉又效佳的方案。总之，医生应该耐心地给患方解释，向其告知清楚，让患方最大限度理解医生的想法，力求达成共识，让患者认同医生所要采用的治疗方案。

（4）要保留患者及家属不配合治疗的证据　患方对其产生

不利后果的行为要承担责任，如果患方仍拒绝配合治疗，医生应该将因患者不配合可能引起的不良后果明确告诉患方，并在病历（包括门诊手册和住院病历）中如实记录，并以《病情告知书》或《治疗知情同意书》的形式告知患者，请患者或家属写明选择的结果，并签字。这样，只要尽到告知义务，患者也充分履行了其选择权和同意权，即便事后出现了医疗纠纷，也不应该因此而认为医院有责任。

46. 患方放弃抢救时医生还要救治吗？

医疗机构实施紧急救治不能对抗患方的自主决定权，根据《民法典》第一千二百二十条规定：因抢救生命垂危的患者等紧急情况，不能取得患者或者其近亲属意见的，经医疗机构负责人或者授权的负责人批准，可以立即实施相应的医疗措施。医疗机构的紧急救治义务具有补充性，是对患者及其近亲属知情同意权的补充，不能对抗患者一方的自主决定权。必须是在患方无法行使自主决定权的情况下，从患者的利益出发、本着对生命健康权的关怀，医方才能实施紧急救治行为。

《民法典》第一千二百二十条规定中的“不能取得”包括不能取得患者本人的意见，以及患者近亲属不在身边无法联系的情况，还应当包括患者家属拒绝签字的情形。如果患方坚持不同意手术，而医生知道或者应当知道如果患者不手术将直接导致生命的丧失（如急性气胸、急性阑尾炎），在这种情况下通过抢救可以挽救生命的，医疗机构应当实施紧急救治，而不能眼睁睁地看着患者死亡。而对于高龄、慢性疾病患者最后出现多脏器功能衰竭时，家属拒绝抢救，医生应尊重家属的意见，让家属签署一份放弃治疗（抢救）声明书。

47. 患者要求医生改变治疗方案怎么办?

【案例】在医院住院治疗慢性肾病的老张，有一天突然找到主治医生，还给他递过去一本杂志，很神秘地让他看其中一篇文章。原来这是一本科普杂志，里面提到了一种治疗肾病的新方案，用这种方案还治好了一位患病多年不愈的老人，老张认为他和那个老人有相似之处，希望主治医生也可以用这种方案试试。主治医生听了老张的想法，给他解释道："这个治疗方案是一种比较新的思路，曾经有过报道，但并不成熟，给那个老人使用只是其他方案无效时的一种权宜之计，并不建议您使用。"老张看到医生没有采纳他的想法，便闷闷不乐，不仅产生了出院的想法，还通过朋友积极联系其他医院。老张的家属偷偷将情况告诉了主治医生，医生耐心地给老张拿来了一本权威的教科书，让老张学习了有关知识，老张这时才有所醒悟。这时，朋友也给他转述了其他医院医生的看法，印证了主治医生的观点。老张终于又安心地住院配合医生治疗了。临床遇到此类情况医生应该怎么办?

（1）做好沟通和宣教工作　法律规定患者有知情选择权和

最终决定权，但这些权利都是建立在现有诊断和现实医疗水平治疗方案的基础上，只有医师才有治疗权，由医师提出诊疗方案后，再让患者知情、选择，然后最终同意。患者不能自己制订方案并要求医师实施。患者是治疗后果的承担者，他对自己病情的关心重视程度会超过任何人，但由于缺乏相关知识，难免会有错误的认识。医生在治疗疾病的同时为患者进行健康知识教育、纠正错误认识是非常必要的，尤其是对于一些慢性病患者，不良观点的纠正有时会起到超出预期的效果。

（2）不同病情区别对待　对于患者（家属）要求医生按照自己的方案进行治疗的情况，医生可以区别对待：一般情况下，耐心细致的解释可以解决问题，对于个别提出无理要求的患者，医生可以明确拒绝；如果患者要求合理，医生可以考虑调整治疗方案，这也是对患者心理的安慰。

（3）慢性疾病患者参与原则　随着医学的发展，医患在治疗上成了合作的伙伴关系，很多慢性疾病治疗都强调患者参与制订疾病治疗计划的重要性，从获取最佳治疗效果的角度出发，医生应当充分考虑患者提出的意见。

48. 您知道坏消息的告知策略吗？

“告知坏消息”的过程除了达成医疗目标之外，更是医生向患者及家人传递关怀和温暖，共同寻找希望、建立信任关系、结成治疗同盟的过程。

（1）应当学会管理患者家属　管理患者家属可不是件简单的事！想象一下，每个患者都围绕着一群亲属，坏消息该告诉谁呢？医生面临的第一个问题就是：是告诉患者本人，还是告诉他们的家属？第二个问题更棘手：如果告诉家属，是找哪个来说呢？这可涉及患者和家属的“管理”问题。这种“管理”包括几个小技巧。首先，得让患者家属推选出一个“领导者”，也就是“主事的人”。俗话说“家有千口，主事一人”。其次，医生要先建立起和主事家属的信任关系，把“坏消息”优先告诉他。这样，这位家属在后续的治疗和医患交流中能发挥重要作用。比如，鼓励患者与医生合作应对疾病的挑战，监督并支持患者的治疗过程，还能帮忙协调患者、家属和医生之间的关系。最重要的是，要遵循“患者利益第一”的原则。当患者与家属或者家属之间在治疗方案、经济支出等问题上产生分歧，可能会影响到患者的治疗进程时，医生得站出来协调他们之间的关系。所以，管理患者家属可不仅仅是告诉他们消息，还要运用一些小技巧和原则，让整个团队能够紧密合作，为患者提供最好的医疗服务！

（2）采取渐进式告知方式　在临床实践中，医生可以凭借自己的智慧和经验，对于重症疾病的发展趋势有个基本的判断。他们可以采用一种渐进的阶梯式告知方式，就像上楼梯一样。首先，在初诊阶段，可以给患者戴上一个危险信号的帽子，让患者提前有点心理准备来面对疾病的挑战。然后，在后续的检查过程中，时刻与患者或家属进行沟通，一起讨论检查结果中的坏消息。

接下来，告诉患者病情的严重程度，但在此之前，要先了解患者本人及其家人的情况，并做好相应的准备工作。根据不同的情况，可以选择直接告知，也可以委婉地透露，或者用比较轻松的方式告知，以免吓到患者。总体原则是要保护患者的身心健康，帮助其家人更好地配合治疗，最终实现最佳的医疗效果。

（3）清楚地告知并解释病情　当确切的诊断结果出来后，清楚地向患者或家属解释病情，确保患者了解病情的严重程度，也理解了病情严重的原因。根据患者的病情、患者的身体和心理承受能力，以及患者的家庭经济状况向患者推荐备选治疗方案。

（4）做好过程告知　对于处在重病监护中或手术过程中的患者，要尽可能做好治疗或处置过程的告知，随时让患者家属知道患者所处的状态，了解医生所做的努力，对于一些特殊的处置，要通过书面形式（知情同意书）与患者家属进行沟通。

（5）给予患者切合实际的希望　每一位患者都希望自己的疾病能够治愈或有所改善，如果患者真的有望改善或康复，“给予希望”的谈话就会很轻松。但是面对那些改善和康复希望很小的重症患者，给患者以希望就变得非常困难。那么医生该如何面对呢？这里提出三点建议：①从正面谈话。例如，某某手术失败的概率为70%，成功的概率有30%，那么在与患者交流时，可以突出30%的成功机会。这样可以带动患者把希望放在这30%的概率上。②使用辩证思维来劝解患者。例如“多亏发现得早，这真是不幸之中的万幸了”“不多想了，我们抓紧治疗，也许还有转机”。③了解患者自己的“希望定位”，在此基础上给予积极鼓励。

49. 向患者告知坏消息需要特别注意什么？

坏消息的告知是一门技巧，如果能通过妥善的方式告知患者坏消息不仅可以让患者对医生产生信任，更可以树立战胜疾病的信心。医务人员在告知坏消息期间要关注患者的情绪，并注意表达方式。在告知期间，需要考虑患者已经了解到哪些情况，如何告知其坏消息，以及如何帮助他们接受它。

每个患者都是独立的个体，所以告知坏消息没有一种通用的方法。唯一的准则是要充分了解患者，知道他们已经了解的信息、对情况的理解程度以及对本次就医的期望。如果患者抱着盲目乐观的态度，医生就需要用比较委婉的方式告知坏消息；而如果他们已经做好了思想准备，就不需要过多的铺垫了。

在告知坏消息时，要诚恳但不能太直接了当。要给患者一个“预警”，让他们知道情况可能不太乐观。例如，可以说“事情比之前预期的要复杂一些”或者直接说“这不是个好消息”。虽然这样的话可能让他们感到不安，但如果没有预警，患者在知道真相时可能会更加措手不及。患者对这些话非常敏感，所以医生需要紧接着进行清晰的解释。同时也要给患者希望，但不要做出无法实现的承诺。

研究显示，在告知坏消息时，专业和坦诚对患者同样重要。

患者希望医生能及时告知病情发展，并花时间解答他们的疑问，坦诚地告知病情的严重性。态度生硬、缺乏同情心、没有耐心或者前后矛盾会让患者对医生产生不满情绪。

面对不同的患者，医生需要斟酌不同的表达方式。如果患者已经做好了准备，希望听到详尽的解释，那么可以直接谈论问题，但通常应引导他们自己提问。在谈到后续方案时，有的患者需要一段时间来理解自己的病情，梳理思路。此时，医生可以试着问一些问题，比如“你现在愿意讨论具体的治疗细节吗？还是改天再说？”或者问：“有没有什么是你不想知道的？”医生可能需要通过患者的非语言线索来判断何时应该停下来，例如当患者表现出困惑或情绪波动较大时，要密切关注他们的面部表情。如果患者保持沉默或拒绝此时讨论治疗方案，那么请等待他们情绪好转或开始提问后再继续讨论。虽然沉默可能让你感到不舒服，但它非常重要。

“坏消息告知指南”通常强调医生与患者之间的互动，但可能忽视了医生与陪同者之间的交流。一项研究表明，超过90%的患者在有人陪同的情况下就诊。当患者不想继续谈话时，进一步与他们交流会变得困难，但陪同者可能还有疑问或相反的意见。在这种情况下，要区分他们对信息的不同需求，并确定患者是否愿意继续就诊和解答疑惑。另一种方法是取得患者明确同意后，与陪同者单独交谈。

第4篇

临床处理篇

50. 患方在病历中签字，需要注意哪些问题？

《病历书写基本规范》第十条规定：对需取得患者书面同意方可进行的医疗活动，应当由患者本人签署知情同意书。患者不具备完全民事行为能力时，应当由其法定代理人签字；患者因病无法签字时，应当由其授权的人员签字。

患方在病历中签名时，一是要注意签字人一定要签署自己的名字，要严格防止他人代签；二是患者拒绝签字或无法签字时，完全可以采取录音、录像方式，收集并保留相关证据。

51. 患者拒绝提供身份证明，医院应该如何处理？

《中华人民共和国医师法》第二十七条第一款规定：对需要紧急救治的患者，医师应当采取紧急措施进行诊治，不得拒绝急救处置。《民法典》第一千二百二十条规定：因抢救生命垂危的患者等紧急情况，不能取得患者或者其近亲属意见的，经医疗机构负责人或者授权的负责人批准，可以立即实施相应的医疗措施。

根据上述法律规定，对于危急患者，不论患者身份信息是否清楚，医院都不能延误对患者的紧急救治。对于普通患者，医院也不能以患者拒绝提供身份信息或提供的身份信息不准确而影响救治。患者是否提供自己的身份信息，以及提供的身份信息是否准确，应尊重患者意愿，医院无权要求患者提供准确身份信息。患者不提供身份信息或身份信息不准确，导致无法获得医保报销，需要患者自己承担相应法律责任，与医院没有任何法律关系。

52. 患者入院须知有没有法律意义？应该如何书写？

从法律意义上讲，医院提供的患者入院须知属于医疗告知的范畴，对于患者住院期间应当知悉和遵守的事项，为了防止医护人员因工作繁忙遗漏告知事项，医院完全可以采取入院须知的方式，提前履行告知义务。比如对住院患者住院期间不得外出、住院期间应当留人陪护、死亡患者应当进行尸体解剖、妥善保管贵重物品等，完全可以通过入院须知的方式，提前履行告知义务。

53. 不书写病历或书写病历不规范，医护人员应当承担何种法律责任？

《医疗纠纷预防和处理条例》第四十七条规定，医疗机构及其医务人员有下列情形之一的，由县级以上人民政府卫生主管部门责令改正，给予警告，并处 1 万元以上 5 万元以下罚款；情节严重的，对直接负责的主管人员和其他直接责任人员给予或者责令给予降低岗位等级或者撤职的处分，对有关医务人员可以责令暂停 1 个月以上 6 个月以下执业活动；构成犯罪的，依法追究刑事责任：（一）……（四）未按规定填写、保管病历资料，或者未按规定补记抢救病历。

54. 不履行医疗告知义务，医护人员应当承担何种法律责任？

《医疗纠纷预防和处理条例》第四十七条规定， 医疗机构及其医务人员有下列情形之一的，由县级以上人民政府卫生主管部门责令改正，给予警告，并处 1 万元以上 5 万元以下罚款；情节严重的，对直接负责的主管人员和其他直接责任人员给予或者责令给予降低岗位等级或者撤职的处分，对有关医务人员可以责令暂停 1 个月以上 6 个月以下执业活动；构成犯罪的，依法追究刑事责任：（一）……（二）未按规定告知患者病情、医疗措施、医疗风险、替代医疗方案等。

55. 不告知患者替代医疗方案，医护人员应当承担何种法律责任？

《医疗纠纷预防和处理条例》第四十七条规定， 医疗机构及其医务人员有下列情形之一的，由县级以上人民政府卫生主管部门责令改正，给予警告，并处1万元以上5万元以下罚款；情节严重的，对直接负责的主管人员和其他直接责任人员给予或者责令给予降低岗位等级或者撤职的处分，对有关医务人员可以责令暂停1个月以上6个月以下执业活动；构成犯罪的，依法追究刑事责任：（一）……（二）未按规定告知患者病情、医疗措施、医疗风险、替代医疗方案等。

56. 患者家属因陪护或探视患者出现感染，医院应该如何处理？是否承担赔偿责任？

《民法典》第一千一百九十八条规定：宾馆、商场、银行、车站、机场、体育场馆、娱乐场所等经营场所、公共场所的经营者、管理者或者群众性活动的组织者，未尽到安全保障义务，造成他人损害的，应当承担侵权责任。

患者在住院期间，如果有确凿的证据证实因医院防护措施不到位，导致陪护或探视人员出现感染，毫无疑问，医院应当承当侵权责任。

57. 患者有权要求查阅、复印哪些病历资料？

《医疗纠纷预防和处理条例》第十六条规定：患者有权查阅、复制其门诊病历、住院志、体温单、医嘱单、化验单（检验报告）、医学影像检查资料、特殊检查同意书、手术同意书、手术及麻醉记录、病理资料、护理记录、医疗费用以及国务院卫生主管部门规定的其他属于病历的全部资料。

58. 患者尚未出院，是否有权要求封存尚未完成、正在运行的病历？

《医疗纠纷预防和处理条例》第二十四条规定：发生医疗纠纷需要封存、启封病历资料的，应当在医患双方在场的情况下进行。封存的病历资料可以是原件，也可以是复制件，由医疗机构保管。病历尚未完成需要封存的，对已完成病历先行封存；病历按照规定完成后，再对后续完成部分进行封存。医疗机构应当对封存的病历开列封存清单，由医患双方签字或者盖章，各执一份。

59. 患者或家属对诊疗过程私自录音、录像，能否作为诉讼中的证据？

患者或家属对诊疗过程私自录音、录像，只要没有侵犯医护人员的合法权利，都可以作为诉讼中的证据使用。医护人员不能简单地以未经其同意擅自录音、录像为由，认为患者或家属的私自录音、录像没有证据效力。

60. 患者发现病历资料填写错误，要求医院更改，应该怎么办？

如果属于患者主观陈述部分的内容，因患者陈述不实出现错误，患者要求修改，必须提交书面申请并写明理由；如果患者要求更改的部分不属于患者主观陈述部分的内容，医院的病历资料不存在不真实、不客观的法定情形，即使患者提出要求，医院也无权对病历资料进行修改。

61. 患者在复印过程中，因工作人员疏忽造成部分病历未复印，医院应当承担何种法律责任？

《民法典》第一千二百二十二条规定，患者在诊疗活动中受到损害，有下列情形之一的，推定医疗机构有过错：

（一）违反法律、行政法规、规章以及其他有关诊疗规范的规定；

（二）隐匿或者拒绝提供与纠纷有关的病历资料；

（三）遗失、伪造、篡改或者违法销毁病历资料。

如果在复印病历过程中，由于医务人员的疏忽，导致少复印部分病历，就会面临患者的质疑：是否存在隐匿或拒绝提供与纠纷有关的病历资料？医疗机构就有可能会被推定为有过错。

62. 患者通过互联网擅自发布诋毁医护人员的信息或其他不实信息，医院应该如何处理？

《民法典》第一千一百九十四条规定：网络用户、网络服务提供者利用网络侵害他人民事权益的，应当承担侵权责任。法律另有规定的，依照其规定。

《民法典》第一千一百九十五条规定：网络用户利用网络服务实施侵权行为的，权利人有权通知网络服务提供者采取删除、屏蔽、断开链接等必要措施。通知应当包括构成侵权的初步证据及权利人的真实身份信息。网络服务提供者接到通知后，应当及时将该通知转送相关网络用户，并根据构成侵权的初步证据和服务类型采取必要措施；未及时采取必要措施的，对损害的扩大部分与该网络用户承担连带责任。权利人因错误通知造成网络用户或者网络服务提供者损害的，应当承担侵权责任。法律另有规定的，依照其规定。

《民法典》第一千一百九十六条规定：网络用户接到转送的通知后，可以向网络服务提供者提交不存在侵权行为的声明。声明应当包括不存在侵权行为的初步证据及网络用户的真实身份信息。网络服务提供者接到声明后，应当将该声明转送发出通知的权利人，并告知其可以向有关部门投诉或者向人民法院提起诉讼。网络服务提供者在转送声明到达权利人后的合理期限内，未收到权利人已经投诉或者提起诉讼通知的，应当及时终止所采取的措施。

《民法典》第一千一百九十七条规定：网络服务提供者知道或者应当知道网络用户利用其网络服务侵害他人民事权益，未采取必要措施的，与该网络用户承担连带责任。

根据上述法律规定，医护人员发现互联网上出现诋毁医护人员的信息或其他不实信息时，应当首先通知网络服务提供者采取删除、屏蔽、断开链接等必要措施。如果网络服务提供者接到通知后拒绝采取删除、屏蔽、断开链接等必要措施的，医护人员才有权提起民事诉讼。

63. 住院期间要求复印病历可以吗?

复印病历是患者和家属的权利，但有些患者在住院期间就提出要复印病历，可以为其办理吗?

（1）了解复印的原因　当患者或家属在住院期间提出复印病历的要求后，首先问清原因。有的是希望保存一些自己的病历资料，以备以后参考；有的是病情比较复杂，诊断不明确或治疗效果不佳，家属希望带病历资料到其他医院去进一步会诊；有的是对诊疗有异议，想找病历中的毛病作为证据。

（2）不同原因区别对待　希望保存病历资料的，建议出院后按照规定一次性复印。病情比较复杂希望带病历资料到其他医院去进行会诊的应帮助其复印。家属带有可能引发纠纷的情绪时，要了解症结所在，耐心、细致、通俗地回答，化解其不满情绪。

（3）病历复印程序　可将已经发生的病历进行复印，也可以依患方要求封存病历，为保持病历的完整性，应该封存病历复印件，病历原件继续运行。

64. 患者对使用的药品、器械或血液制品有异议，医院应该如何处理？

《医疗纠纷预防和处理条例》第二十五条规定：疑似输液、输血、注射、用药等引起不良后果的，医患双方应当共同对现场实物进行封存、启封，封存的现场实物由医疗机构保管。需要检验的，应当由双方共同委托依法具有检验资格的检验机构进行检验；双方无法共同委托的，由医疗机构所在地县级人民政府卫生主管部门指定。

疑似输血引起不良后果，需要对血液进行封存保留的，医疗机构应当通知提供该血液的血站派员到场。

现场实物封存后医疗纠纷已经解决，或者患者在现场实物封存满 3 年未再提出解决医疗纠纷要求的，医疗机构可以自行启封。

65. 病历封存过程中，医院应当注意哪些问题？

《医疗纠纷预防和处理条例》第二十四条规定：发生医疗纠纷需要封存、启封病历资料的，应当在医患双方在场的情况下进行。封存的病历资料可以是原件，也可以是复制件，由医疗机构保管。病历尚未完成需要封存的，对已完成病历先行封存；病历按照规定完成后，再对后续完成部分进行封存。医疗机构应当对封存的病历开列封存清单，由医患双方签字或者盖章，各执一份。

封存病历除了要求医患双方共同在场，对封存的病历开列封存清单外，还要特别注意：封存尚未完成的病历，还要详细注明病历封存的具体时间，封存时间一定要具体到时、分。

66. 对医疗事故技术鉴定或医疗损害技术鉴定结论不服，医院应当如何处理？

（1）根据《医疗事故处理条例》规定，对医疗事故技术鉴定首次鉴定结论不服，可以申请再次鉴定。

（2）根据《司法鉴定程序通则》规定，对首次鉴定结论不服，可以申请鉴定人出庭接受质询。符合《司法鉴定程序通则》第三十一条，有下列情形之一的，司法鉴定机构可以接受办案机关委托进行重新鉴定：①原司法鉴定人不具有从事委托鉴定事项执业资格的；②原司法鉴定机构超出登记的业务范围组织鉴定的；③原司法鉴定人应当回避没有回避的。

（3）根据《最高人民法院关于审理医疗损害赔偿案件适用法律若干问题的解释》规定，对鉴定结论不服，还可以申请专家证人出庭作证。

67. 发生药物不良反应怎么办?

【案例】患者杨某以“大叶性肺炎”收入某三级甲等医院呼吸内科，给予“头孢噻肟钠”抗感染治疗，效果不明显，遂加用“环丙沙星注射液”加强抗炎，在注射十余分钟后，杨某即出现抽搐、口吐白沫等症状，立即对症处理无效，患者死亡。

家属首先申请了对杨某进行尸体解剖，结论是：多脏器损害、衰竭导致死亡。家属以医院诊疗行为违反医疗护理常规、存在过错为由诉至法院请求赔偿。法院委托该市医学会对此进行了医疗事故技术鉴定，鉴定结论是：患者死亡原因是使用“环丙沙星注射液”后出现“癫痫持续状态”，导致多脏器功能衰竭死亡。因为患者有使用“环丙沙星注射液”的适应证，且无使用的禁忌证，医方无过错，不属于医疗事故。法院据此判决驳回了家属的赔偿请求。

关于药物不良反应的界定及应承担的法律责任如下：

（1）明确药物不良反应的概念　药物不良反应的定义为，使用药品后发生了与治疗目的无关的或者是出乎事先预料的、确定的有害反应。因此，如果要界定是否为不良反应，首先，使用的必须是合法合格药品，假劣药品造成的人身损害不能认定为药品不良反应；其次，使用药品必须遵医嘱按照规定剂量正确使用，任何不符合药品说明书的规定，或不遵守正确医嘱进行的不正常用药所产生的反应，均不属于药品不良反应。

（2）正确使用药品发生不良反应不负法律责任　按照疾病的诊断的适应证，按规定的剂量、方法正确使用药品发生的不良反应，医生是不应该负法律责任的。但是，在用药时医生必须严格遵守原则，按照药理、药性和药物说明书，不扩大使用范围，不超剂量使用，按照疗程规定的时间用药。

（3）尽到医疗告知义务　到目前为止没有一种药物没有任何毒副作用，药品是双刃剑，用对了可以治疗疾病，使用不当会带来不利的后果。所以，医生在选择和使用药品时一定要严格按照规范，处方开出后，应将该药主要的和容易出现的不良反应告诉患者，并且告知在使用中怎样减少和避免这些不良反应。临床医生不仅应该告诉患者药物的治疗作用，也同样应该告知其不利的副作用，对于一些毒副作用发生率高的药物，更应引起重视。

（4）发生不良反应及时上报　在确定患者发生药品的不良反应后，医生应该立即按照国家药品不良反应上报的程序上报，如果患者发生的不良事件比较严重或罕见，且与用药有直接的因果关系，医生可以建议与患方一起封存可疑的药品，并将一定数量的未开封的同批次药品送当地药品检验部门检验。

68. 对于预约挂号患者，医院出现违约，应该如何处理？

根据相关法律规定，医院推出的预约挂号服务，在法律上属于要约行为，患者一旦完成预约挂号，双方即构成医疗服务合同关系，医院应当按照预约挂号的时间、地点，由医务人员为患者提供医疗服务，如果医院单方改变服务时间、地点或服务人员的，应当提前告知患者，否则，应承担违约责任。

69. 对于加床患者，应当注意哪些法律问题？履行哪些告知义务？

《护士条例》第二十条规定：医疗卫生机构配备护士的数量不得低于国务院卫生主管部门规定的护士配备标准。

《医疗机构管理条例》第十八条规定：医疗机构执业登记的主要事项：

（一）名称、地址、主要负责人；

（二）所有制形式；

（三）诊疗科目、床位；

（四）注册资金。

《医疗机构管理条例》第二十条规定：医疗机构改变名称、场所、主要负责人、诊疗科目、床位，必须向原登记机关办理变更登记。

根据上述规定，医院无权擅自为患者提供加床服务，特殊情况下，如果因为患者病情危急，确需提供加床服务的，应当履行告知义务，获得患者的知情同意。

70. 术前授权委托，术中改变术式，向患者近亲属告知时，是否需要患者术后补签授权委托书？

根据《民法典》《中华人民共和国医师法》《医疗纠纷预防和处理条例》等有关规定，改变手术方式或扩大手术范围，都应该重新履行告知手续。为了防止人为延长手术暴露时间，也可以在手术知情同意书中，提前告知患者近亲属有可能根据术中所见改变手术方式、扩大手术范围，提前征求患者近亲属意见。那么是否需要重新签字同意呢？如果患者明确表示，不需要重新告知，则医院就不需要重新履行补签手术知情同意书。

71. 医院在告知过程中，医护人员的录音、录像，是否可以作为证据？

《民法典》第一千二百一十九条规定：医务人员在诊疗活动中应当向患者说明病情和医疗措施。需要实施手术、特殊检查、特殊治疗的，医务人员应当及时向患者具体说明医疗风险、替代医疗方案等情况，并取得其明确同意；不能或者不宜向患者说明的，应当向患者的近亲属说明，并取得其明确同意。

除《民法典》以外，《基本医疗卫生与健康促进法》《中华人民共和国医师法》《医疗纠纷预防和处理条例》等多部法律、法规均明确规定，医护人员履行医疗告知义务，均需要得到患者或近亲属的书面同意。但在医疗实践活动中，有的患者根本无法签字或对告知的事项拒绝签字，在这种情况下，医务人员在告知过程中的录音、录像资料完全可以作为证据，应当作为病历资料统一归档管理。

72. 住院患者私自外出发生意外，医院是否应承担法律责任？

《民法典》第一千二百二十二条规定，患者在诊疗活动中受到损害，有下列情形之一的，推定医疗机构有过错：

（一）违反法律、行政法规、规章以及其他有关诊疗规范的规定；

（二）隐匿或者拒绝提供与纠纷有关的病历资料；

（三）遗失、伪造、篡改或者违法销毁病历资料。

《民法典》第一千二百二十四条规定，患者在诊疗活动中受到损害，有下列情形之一的，医疗机构不承担赔偿责任：

（一）患者或者其近亲属不配合医疗机构进行符合诊疗规范的诊疗；

（二）医务人员在抢救生命垂危的患者等紧急情况下已经尽到合理诊疗义务；

（三）限于当时的医疗水平难以诊疗。

前款第一项情形中，医疗机构或者其医务人员也有过错的，应当承担相应的赔偿责任。

根据上述法律规定，判断医院是否承担法律责任，只需要看医院在诊疗活动中是否有过错，是否存在违反法律、行政法规、规章以及其他有关诊疗规范的规定之行为。比如患者外出前，是否履行了告知和劝阻义务；发现患者擅自外出后，是否履行了必要的寻找及通知家属义务等。如果医院不存在过错，患者住院期间擅自外出发生意外，医院就不应承担法律责任。

73. 患者因病情危急需要紧急救治，无法联系近亲属或委托代理人，医院应当如何处理?

《最高人民法院关于审理医疗损害责任纠纷案件适用法律若干问题的解释》第十八条规定，因抢救生命垂危的患者等紧急情况且不能取得患者意见时，下列情形可以认定为侵权责任法第五十六条规定的不能取得患者近亲属意见：

（一）近亲属不明的；

（二）不能及时联系到近亲属的；

（三）近亲属拒绝发表意见的；

（四）近亲属达不成一致意见的；

（五）法律、法规规定的其他情形。

前款情形，医务人员经医疗机构负责人或者授权的负责人批准立即实施相应医疗措施，患者因此请求医疗机构承担赔偿责任的，不予支持；医疗机构及其医务人员怠于实施相应医疗措施造成损害，患者请求医疗机构承担赔偿责任的，应予支持。

74. 外请上级医院的医师，是否可以实施所有手术？

《医疗机构手术分级管理办法（试行）》第十八条规定：除急危重症患者需急诊手术抢救外，外聘医师、会诊医师不得开展超出实施手术医疗机构所能开展最高级别的手术。

根据上述规定，外请的上级医院执业医师，不得开展超出实施手术医疗机构所能开展最高级别的手术。

75. 医院应用新的医疗技术，必须履行何种法定程序？违法应用新技术，应当承担何种法律责任？

《医疗纠纷预防和处理条例》第十一条规定：医疗机构应当按照国务院卫生主管部门制定的医疗技术临床应用管理规定，开展与其技术能力相适应的医疗技术服务，保障临床应用安全，降低医疗风险；采用医疗新技术的，应当开展技术评估和伦理审查，确保安全有效、符合伦理。

第四十六条规定：医疗机构将未通过技术评估和伦理审查的医疗新技术应用于临床的，由县级以上人民政府卫生主管部门没收违法所得，并处五万元以上十万元以下罚款，对直接负责的主管人员和其他直接责任人员给予或者责令给予降低岗位等级或者撤职的处分，对有关医务人员责令暂停六个月以上一年以下执业活动；情节严重的，对直接负责的主管人员和其他直接责任人员给予或者责令给予开除的处分，对有关医务人员由原发证部门吊销执业证书；构成犯罪的，依法追究刑事责任。

76. 医护人员在执业活动中，哪些情况会受到刑事或行政处罚？

《医疗纠纷预防和处理条例》第四十七条规定，医疗机构及其医务人员有下列情形之一的，由县级以上人民政府卫生主管部门责令改正，给予警告，并处一万元以上五万元以下罚款；情节严重的，对直接负责的主管人员和其他直接责任人员给予或者责令给予降低岗位等级或者撤职的处分，对有关医务人员可以责令暂停一个月以上六个月以下执业活动；构成犯罪的，依法追究刑事责任：

（一）未按规定制定和实施医疗质量安全管理制度；

（二）未按规定告知患者病情、医疗措施、医疗风险、替代医疗方案等；

（三）开展具有较高医疗风险的诊疗活动，未提前预备应对方案防范突发风险；

（四）未按规定填写、保管病历资料，或者未按规定补记抢救病历；

（五）拒绝为患者提供查阅、复制病历资料服务；

（六）未建立投诉接待制度、设置统一投诉管理部门或者配备专（兼）职人员；

（七）未按规定封存、保管、启封病历资料和现场实物；

（八）未按规定向卫生主管部门报告重大医疗纠纷；

（九）其他未履行本条例规定义务的情形。

《中华人民共和国医师法》第五十五条规定，违反本法规定，医师在执业活动中有下列行为之一的，由县级以上人民政府卫生健康主管部门责令改正，给予警告；情节严重的，责令暂停六个月以上一年以下执业活动直至吊销医师执业证书：

（一）在提供医疗卫生服务或者开展医学临床研究中，未按照规定履行告知义务或者取得知情同意；

（二）对需要紧急救治的患者，拒绝急救处置，或者由于不负责任延误诊治；

（三）遇有自然灾害、事故灾难、公共卫生事件和社会安全事件等严重威胁人民生命健康的突发事件时，不服从卫生健康主管部门调遣；

（四）未按照规定报告有关情形；

（五）违反法律、法规、规章或者执业规范，造成医疗事故或者其他严重后果。

第五十六条规定，违反本法规定，医师在执业活动中有下列行为之一的，由县级以上人民政府卫生健康主管部门责令改正，给予警告，没收违法所得，并处一万元以上三万元以下的罚款；情节严重的，责令暂停六个月以上一年以下执业活动直至吊销医师执业证书：

（一）泄露患者隐私或者个人信息；

（二）出具虚假医学证明文件，或者未经亲自诊查、调查，签署诊断、治疗、流行病学等证明文件或者有关出生、死亡等证明文件；

（三）隐匿、伪造、篡改或者擅自销毁病历等医学文书及有关资料；

（四）未按照规定使用麻醉药品、医疗用毒性药品、精神药品、放射性药品等；

（五）利用职务之便，索要、非法收受财物或者牟取其他不正当利益，或者违反诊疗规范，对患者实施不必要的检查、治疗造成不良后果；

（六）开展禁止类医疗技术临床应用。

《护士条例》第三十一条规定，护士在执业活动中有下列情形之一的，由县级以上地方人民政府卫生主管部门依据职责分工责令改正，给予警告；情节严重的，暂停其六个月以上一年以下执业活动，直至由原发证部门吊销其护士执业证书：

（一）发现患者病情危急未立即通知医师的；

（二）发现医嘱违反法律、法规、规章或者诊疗技术规范的规定，未依照本条例第十七条的规定提出或者报告的；

（三）泄露患者隐私的；

（四）发生自然灾害、公共卫生事件等严重威胁公众生命健康的突发事件，不服从安排参加医疗救护的。

护士在执业活动中造成医疗事故的，依照医疗事故处理的有关规定承担法律责任。

《医疗事故处理条例》第五十六条规定，医疗机构违反本条例的规定，有下列情形之一的，由卫生行政部门责令改正；情节严重的，对负有责任的主管人员和其他直接责任人员依法给予行政处分或者纪律处分：

（一）未如实告知患者病情、医疗措施和医疗风险的；

（二）没有正当理由，拒绝为患者提供复印或者复制病历资料服务的；

（三）未按照国务院卫生行政部门规定的要求书写和妥善保管病历资料的；

（四）未在规定时间内补记抢救工作病历内容的；

（五）未按照本条例的规定封存、保管和启封病历资料和实物的；

（六）未设置医疗服务质量监控部门或者配备专（兼）职人员的；

（七）未制定有关医疗事故防范和处理预案的；

（八）未在规定时间内向卫生行政部门报告重大医疗过失行为的；

（九）未按照本条例的规定向卫生行政部门报告医疗事故的；

（十）未按照规定进行尸检和保存、处理尸体的。

77. 患者死亡后家属不同意尸检怎么办？

《医疗纠纷预防和处理条例》第二十六条规定：患者死亡，

医患双方对死因有异议的，应当在患者死亡后四十八小时内进行尸检；具备尸体冻存条件的，可以延长至七日。尸检应当经死者近亲属同意并签字，拒绝签字的，视为死者近亲属不同意进行尸检。不同意或者拖延尸检，超过规定时间，影响对死因判定的，由不同意或者拖延的一方承担责任。尸检应当由按照国家有关规定取得相应资格的机构和专业技术人员进行。医患双方可以委派代表观察尸检过程。

应对建议：患者死亡，但凡发现患方对死因有异议或争议隐患的，应向家属告知尸检的相关内容，如尸检时限、尸检机构等，并取得其书面意见，建议交代知情同意书内容的同时予以录音或选择在具备录音录像设施的房间内沟通，并在病历中记录知情交代内容与结果，医护人员双人签字，留存沟通时的影音资料和原始存储设备，在患者家属拒绝签字时能够证明医务人员已履行告知义务。

78. 患者抢夺病历致病历缺失怎么办？

【案例】患者吴某因“车祸外伤致全身多处疼痛”，由120送至甲医院就诊，吴某的诊断为：①双侧多发肋骨骨折；②双肺创伤性湿肺；③双侧胸腔张力性气胸并右胸腔少量积血；④右侧锁骨骨折；⑤T1、T2椎骨骨折；⑥全身多处软组织挫伤；⑦糖尿病。入院第二天行“剖胸探查术+右侧第三、四肋骨骨折切开复位内固定术+右侧锁骨骨折切开复位内固定术+右侧胸腔闭式引流术”，当日 18 时手术结束。手术完成后等待麻醉清醒时患者发生重度昏迷、呼吸困难等情况，经抢救无效，患者吴某于术后第二天凌晨死亡。患者死亡后经人民调解委员会调解，甲医院先行垫付了善后事宜处理等费用 13 万元。经患者家属及交警队共同委托司法鉴定，患者吴某的死亡原因系交通事故致重度胸部损伤死亡。

法院审理：法院审理过程中，患方申请司法鉴定，司法鉴定中心在鉴定意见的分析说明中关于甲医院对患者吴某的诊疗行为的评价为：①根据鉴定会现场原告提供的影像学资料阅片见胸腔少量积液、积气，入院当日 22 时患者出现呼吸困难、胸部膨隆、双肺呼吸音弱几不可闻、皮下气肿、氧饱和度下降等症状及体征时有形成张力性气胸可能，但未及时复查胸片及 CT 以明确诊断再予处置。②急诊肋骨、锁骨切开内固定术时机选择不恰当。③患者术中病情变化至死亡，现有病历资料没有载明医方采取的救治措施。④患者术中病情变化至死亡，因无麻醉记录、抢救记录等关键材料，无法判断患者死亡的客观原因。⑤手术记录中记载的胸部手术入路切口与尸体检验所见不一致，系医方医疗文书书写草率所致。⑥术前、术中沟通记录不到位，术后无死亡记录、死亡病例讨论记录、尸体解剖检验告知书等。⑦护理等级与患者病情不符，护理级别不当。同时，关于患者吴某病情的评价为：患者吴某因交通事故致重度闭合性胸部外伤后入院于甲医院，基于当地条件和水平，在诊治方面存在一定的局限性。现有材料无病情知情告知书、治疗方案知情告知书、麻醉知情同意书等，无法充分反映甲医院尽到了向吴某或其亲属书面说明告知的义务。鉴定意见为：甲医院为患者吴某提供诊疗服务过程中存在过错；但现有材料无法反映完整的救治经过且缺乏关键记录，无法判断甲医院的过错与患者吴某死亡的因果关系及责任程度。现有材料无法充分反映甲医院尽到了向吴某或其亲属书面说明告知的义务。

一审法院认为，司法鉴定中心鉴定，被告甲医院在为原告的亲属吴某提供医疗服务的过程中存在过错。被告医院存在的过错对吴某治疗有无影响及影响程度，与吴某的死亡是否存在因果关系及责任比例，经鉴定无法确定。根据司法鉴定中心作出的《司法鉴定意见书》关于被告医院对患者吴某诊疗行为分析评价，对原告的损失由被告甲医院承担 40% 为宜。原告要求赔偿精神抚慰金的诉讼请求，不符合法律规定的赔偿条件，不予支持。判决由被告甲医院赔偿原告各项经济损失 27 万余元。医患双方均不服，提出上诉。

二审法院认为，鉴定意见中指明的缺失病历和关键记录的形成及提供义务人为上诉人甲医院，虽其提出因患者一方事后的抢夺等行为导致病历缺失，但其对此未提供证据予以证实，上诉人甲医院应承担举证不能的责任。因上诉人甲医院存在过错，一审法院未支持患方诉请的精神损害抚慰金不当，应予以纠正，改判甲医院赔偿患方精神损害抚慰金二万元。

法律建议：本案系交通事故造成患者伤害，经抢救无效死亡的案例，从法院判决可以看出，医疗机构之所以承担赔偿责任，主要是因为医方病历资料没有载明患者术中病情变化，无麻醉记录、抢救记录等关键材料，无法判断患者死亡的客观原因；手术记录中记载的胸部手术入路切口与尸体检验所见不一致，术前、术中沟通记录不到位，术后无死亡记录、死亡病例讨论记录、尸体解剖检验告知书等，导致鉴定机构无法判断甲医院的过错与患者吴某死亡的因果关系及责任程度。

病历资料是医院医护人员对患者进行诊断、治疗全过程的记录和总结，是认定案件事实、明确责任的最重要的依据。在医疗纠纷争议案件中，病历作为最原始的医疗文书资料，是处理医疗纠纷最直接、最重要的书面证据，往往是医患双方关注及争论的焦点，也是法院判定责任的重要依据之一。作为医疗机构，必须按照《医疗机构病历管理规定（2013 年版）》《病历书写基本规范》等规范的要求，全面记录对患者的整个诊疗过程。

该案例发生时《侵权责任法》（自 2021 年 1 月 1 日起废止）仍在施行，现在虽然医疗纠纷举证责任倒置成为过去，但在当时根据该法第五十八条的规定，患者有损害，因下列情形之一的，推定医疗机构有过错：（一）违反法律、行政法规、规章以及其他有关诊疗规范的规定。（二）隐匿或者拒绝提供与纠纷有关的病历资料。（三）伪造、篡改或者销毁病历资料。因此，医疗机构一定要重视病历管理制度。

病历管理制度是医疗机构十八项核心制度之一，是指为准确反映医疗活动全过程，实现医疗服务行为可追溯，维护医患双方合法权益，保障医疗质量和医疗安全，对医疗文书的书写、质控、保存、使用等环节进行管理的制度。根据国家卫健委《医疗质量安全核心制度要点》中病历管理制度的规定，医疗机构应当建立住院及门急诊病历管理和质量控制制度，严格落实国家病历书写、管理和应用相关规定，建立病历质量检查、评估与反馈机制。病历的书写应当做到客观、真实、准确、及时、完整、规范，并明确病历书写的格式、内容和时限。使用电子病历的医疗机构，应当建立电子病历的建立、记录、修改、使用、存储、传输、质控、安全等级保护等管理制度。医疗机构应当保障病历资料安全，病历内容记录与修改信息可追溯。

本案中医方承认存在病历记录不完整的事实，辩称系患方抢夺病历和围攻医务人员所致。但是医方却未能提供相关证据予以证实，因此未得到法院的采信。病历资料是医疗损害责任纠纷诉讼和医疗损害鉴定中最为主要和最关键的证据材料。根据《中华人民共和国侵权责任法》第六十一条、《医疗机构病历管理规定（2013 年版）》第十四条以及《医疗纠纷预防和处理条例》第十五条的相关规定，医疗机构具有严格管理、妥善保管病历资料的义务，任何单位和个人不得篡改、伪造、隐匿、毁灭或者抢夺病历资料。对于患方抢夺病历问题，早在 2002 年颁布的《医疗事故处理条例》中就有明确规定：患方以医疗事故为由，寻衅滋事、抢夺病历资料，扰乱医疗机构正常医疗秩序和医疗事故技术鉴定工作，依照刑法关于扰乱社会秩序罪的规定，依法追究刑事责任；尚不够刑事处罚的，依法给予治安管理处罚。

医方有妥善保管病历的法定义务，因此面对可能存在的医疗纠纷，应防止患方抢夺病历。如果发生患方抢夺病历的情形，应立即采取报警、核对被抢夺病历的内容、列出清单、保存监控录像等方式固定证据，并要求公安机关依法对患方惩处，避免出现本案中无法举证的情形。作为患方，出现医疗纠纷后应当合法行使复制、封存病历资料的权利，抢夺病历资料只会增加案件的复杂程度，给医疗纠纷的合法处理带来不利的影响，一时冲动只能带来更多的法律风险。

79. 出现手术并发症怎么办?

手术并发症是在手术治疗原发病的过程中出现的非医疗目的的不良后果，这种后果会导致患者身体伤害甚至死亡。这是医生和家属都不愿看到的事情。医学目前还不是完善的科学，存在许许多多的未知因素和不确定性，有些并发症是可以预见、可以防范的，有些是可以预见但不可防范的，而有些则是不可预见也无从防范的，这就导致很多并发症是不可避免的。那么患者出现了并发症，医生该怎么办？怎样保护患者的安全，又怎样保护自己的合法权益？

（1）严格遵守手术规范　首先，手术的适应证、禁忌证和手术方式的选择是正确的，手术过程中所有操作是按照手术操作规范进行的，这是避免出现并发症的前提。这个前提如果有缺陷，那么其他一切都将被否定，出现了并发症医方就要承担全部责任。所以按照操作规范进行手术是底线，如此一旦出现并发症，只要及时采取积极正确的治疗措施，医方尽到了义务也就不需承担责任了。

（2）处理并发症的应急措施　一些医院在手术知情同意书中罗列了许多并发症情况，却没有写明应对并发症的措施，这是原则性的知情同意书的告知缺陷。接到这样的告知书，患者不禁要问：这么多的并发症你们医生怎么应对，一旦出现怎么处理？所以，临床实践要求我们在告知书中每一个并发症后面都要写上明确、具体、规范的应对措施，这既是对患者安全的负责，也是对医生的保护。

（3）并发症的处理必须规范　医院针对麻醉意外、大出血、体外循环、呼吸骤停等手术并发症应该有应急处理预案，一旦出现就可按照规范处理，有序地实施了包括紧急会诊和转院等在内的全部措施，那么医方就完成了所能做的正确的医疗行为，就不应该承担医疗责任。这里重点提醒：抢救和处理记录必须书写规范，做好却没有写好，到鉴定时或到法庭上仍然会承担不利后果。

（4）努力减少并发症发生　减少并发症的发生是每一个手术者都要考虑的问题，谨慎、细致地按照规范进行操作是减少并发症的前提条件。医生不可能完全杜绝并发症的发生，但是在减少并发症方面还是大有可为的。

（5）知情同意书要给患方一份　临床中，许多家属明明签了知情同意书，上面把并发症也写得清清楚楚，但一旦出现并发症，引发纠纷的情况仍然不少。原因之一是许多医院的知情同意书只让患者签署后由医方保存，患者手中没有。建议应该给患者一份，按照法律的公平性，表达双方意愿的文件双方都应持有一份，这样既尊重患者的知情权，也使患者及其家属对并发症有了进一步的认识，一旦出现并发症，他们的认可、接受度才会更高。

80. 手术失误未采取补救措施要担责吗？

【案例】王某 2015 年 3 月 9 日因右腘窝肿物到被告医院就诊。B 超提示：右侧腘窝外侧软组织可见一“3.4cm × 2.9cm × 2.2cm”实性低回声肿物。4 月 9 日入院治疗，完善相关检查后诊断为右腘窝肿物。4 月 14 日全麻下行右腘窝肿物切除术，术后当天右踝背屈活动受限，右足第三、四趾麻木较术前减轻，浅感觉较前灵敏，第三、四跖趾关节背屈活动正常。考虑右腓总神经鞘瘤，术后腓总神经部分损伤，右踝背屈功能障碍，予营养神经治疗。患者认为其右侧腓总神经损害与被告诊疗行为存在因果关系，故将被告诉至法院。

司法鉴定意见认为：术前讨论中只记录了手术指征明确、交代了手术风险及并发症，没有具体内容，没有记载术后出现并发症的手术治疗措施。《Wiesel 骨科手术学》指出：“神经源的肿块往往不可预料后果，术后可能会出现意料之外的功能丧失……应告知患者和家属神经肿瘤术后可能产生的不良后果……需要的时候重建受损的神经。”医方对神经肿瘤手术的认知不足，说明医方对术后神经损伤的手术治疗准备不足。术后超声报告提示神经部分断裂伴创伤性神经瘤形成，术后肌电图检查提示右侧腓总神经不全性损害（运动纤维受累为主），均说明神经纤维在术中受到损伤，与手术的精细程度相关。要想提高精细程度，必须在显微镜下操作。同时也说明病理切片中的神经纵切成分与医方手术相关。术后6小时即出现“踝背屈活动受限”，仅给予“神经营养治疗”，判断为术后腓总神经部分损伤，继续神经营养治疗，始终没有提出手术补救治疗举措。医方显然未采取恰当及时的手术补救措施。此外，病历书写不规范，有错别字。认定医方的诊疗行为存在过错，与患者右侧腓总神经损害的后果有一定因果关系，其参与度为主要因素，患者目前为八级伤残。

法院考虑被告的诊疗过错，判决医院按照80%的比例赔偿患者各项损失共计192 609.18元。

81. 手术操作疏忽承担什么责任？

【案例】于某，62岁，10年前无意中发现颈前肿物，随吞咽上下移动，该肿物逐渐缓慢增大，近1个月增大较明显，肿物无疼痛，颈部于吞咽时疼痛。经检查以“甲状腺肿物”入被告医院进行治疗。完善相关检查，无手术禁忌证，择日行“双侧甲状腺大部切除术及颈部囊性肿物切除术”。术后出现食管瘘、食管狭窄，于被告医院行保守治疗效果不佳，转至上级医院继续治疗，行颈段食管切除、游离前臂皮瓣修复、气管切开术，出院后再次转入被告医院治疗。于某认为被告医院对其医疗行为存在过错，诉至法院。

诉讼过程中，法院委托司法鉴定机构对此案进行医疗损害司法鉴定，鉴定机构认为：①患者巨大咽食管憩室病情临床发病少见，对被告明确诊断造成一定难度，但根据被告术前病历记载，对于该较大囊性肿物主要考虑为甲状腺囊肿，手术记录记载的手术名称为颈部囊性肿物切除术。该病历记载情况提示被告对患者该囊性肿物的诊断亦存在疑问，但在术前未能予以进一步完善检查鉴别诊断，在术前准备方面存在不足。②审查被告手术记录，记载囊性肿物位于右甲状腺后被膜后下方，与气管、食管及甲状腺下极被膜粘连，该情况提示该囊肿与食管关系密切，院方予以切除后未记载周围组织结构完整性，提示被告在手术操作方面存在一定疏忽，也提示被告在一定程度上对解剖结构认识存在不足。如能在术中发现组织结构不完整并予以修补，则有可能避免患者食管严重狭窄的后果。③患者巨大憩室切除后食管瘘病情保守治疗效果差，临床检查情况已提示食管严重狭窄，且原手术后炎症已得到控制，应尽早予以二期手术治疗食管瘘病情，现有病历显示直至一个月后，患者才转至上级医院治疗，提示被告对患者病情的治疗存在一定延误。

审理中法院支持了鉴定机构对医疗过错责任主要责任方和责任程度的意见，伤残等级为六级，责任比例为 70%，判决医院赔偿患者各项经济损失 615 413.2 元人民币。

82. 手术准备不充分为什么会导致医院承担主要责任？

【案例】患者张某，62岁，因颈部肿物收治入被告医院甲状腺外科住院治疗，入院诊断为“①甲状腺肿物（双侧叶）性质待查（结节性甲状腺肿？甲状腺腺瘤？甲状腺癌？）。②高血压病2级”。与患者及家属沟通后，同意手术治疗，完善相关检查，患者行“甲状腺右侧叶次全切除+左侧叶部分切除术”。术后病理回报：（右）甲状腺结节性甲状腺肿囊性变；（左）甲状腺结节性甲状腺肿伴腺瘤样结节形成。切口愈合良好，患者出院。出院3个月后，患者因“咽喉炎，低钙、低镁症”就诊于当地医院，治疗3个月后转入被告医院继续治疗。现病史记载：患者于6个月前在我院行甲状腺右侧叶次全切除+左侧叶部分切除术，术后患者出现四肢麻木感，伴有疼痛感，偶有抽搐，给予补钙治疗，促进甲状旁腺功能恢复。患者以被告医院手术损伤甲状旁腺为由将被告医院诉至当地法院。

法院委托鉴定机构进行鉴定，鉴定意见认为，①被告医院根据病史及查体情况，初步诊断为甲状腺肿物（双侧叶）性质待查（结节性甲状腺肿？甲状腺腺瘤？甲状腺癌？）并制订诊疗计划，完善相关检查，拟限期手术治疗，以上行为符合诊疗常规。②由于甲状腺结节的性质关系到治疗措施的选择、手术切除范围的确定，因此术前应进一步完善检查，如采取核素显像以及针吸涂片细胞学检查等明确结节性质。本案患者术前B超检查提示为多发结节，但结节性质并未明确，初步诊断也为疑似诊断，但在鉴别诊断中，医院依据 B 超结果及查体情况基本排除了腺瘤及腺癌的可能性，按照结节性甲状腺肿进行手术治疗，略显仓促，存在准备不充分。事实上，术中以及术后的病理检查均提示左侧为腺瘤样结节。③术前医患双方签署了手术同意书，其中有“术中损伤甲状旁腺，出现低钙抽搐，需终身补钙，替代治疗”等文字内容，表明医院履行了术前风险告知义务，患者签字确认表明对该手术的有关风险知情了解。④被告医院为患者实施的是左侧叶部分切除术，符合诊疗要求。但手术记录对于左侧叶的切除范围无详细记载，对于峡部甲状腺组织的处理也未见记载，外院术后 B 超检查显示，甲状腺峡部未探及，提示缺失可能，医院手术记录不规范。⑤甲状旁腺功能减退症是由于甲状旁腺激素合成或分泌减少而引起的钙、磷代谢异常，依据检查资料提示存在甲状旁腺功能障碍。由于患者术后次日即发生甲状旁腺激素的明显降低，该变化与手术操作存在直接关系。

综上所述：①被告医院对张某的诊疗行为存在过错，医疗过失与张某损害后果的因果关系程度，从法医学立场分析属于同等－主要因果关系程度范围，供法庭审理裁定参考。②张某甲状旁腺功能轻度损害对应的伤残等级为九级伤残。③本案患者张某需长期服用骨化三醇胶丸及维 D 钙咀嚼片，并且需要定期监测血钙情况，以上治疗费用与本案有关，建议以实际发生为准。当地人民法院审理时认定医院责任比例为 60%，经调解被告医院赔偿患者各项经济损失 421 150 元。

83. 术后并发症为什么医院要担责?

【案例】患者夏某主因“发现腹部包块 40 天余”至被告医院住院治疗，对患者行“腹膜后病损切除术”，术后转入外科监护病房，一天后转普通病房观察治疗。后患者呕吐胃液量较多。患者诉腹胀，胃部不适呕吐 3 次，为墨绿色胆汁样液体，腹平片提示：腹部多发气液平面，肠梗阻可能。急诊全麻下行开腹探查手术，行“回肠–横结肠吻合术，剖腹探查术，肠粘连松解术”，患者手术中循环不稳定病情危重，术后入外科 ICU 治疗后死亡。死亡诊断：①腹膜后肿物（右侧，交界性黏液性囊腺瘤恶变）；②粘连性肠梗阻；③感染中毒性休克（脓毒症）；④多器官功能衰竭；⑤肝囊肿；⑥剖宫产史；⑦输卵管切除术后。由此引发医疗纠纷。

诉讼中法院委托鉴定机构进行鉴定，鉴定机构认为，患者患腹膜后恶性肿瘤，手术切除后并发粘连性肠梗阻致感染中毒性休克、全身多器官功能衰竭而死。医疗过错、因果关系及责任程度分析：患者手术后去除胃管负压吸引，拔除胃管当日即出现呕吐、腹胀等症状，查立位腹平片可见腹部多发气液平，已充分提示存在肠梗阻的可能；后经两天保守治疗后，患者症状未见明显缓解，医院才对患者进行手术治疗。根据《临床诊疗指南外科学分册 2006 版》中关于肠梗阻“经 24—48 小时非手术治疗症状不缓解的病人”“应及早手术”的治疗原则，被告医院在选择肠梗阻手术治疗的时机上有一定延误，存在未尽到必要的注意义务之过错。死亡的损害后果中，其担责程度应介于轻微到次要之间。最终法院酌定被告医院对原告的各项损失承担 25% 的赔偿责任，赔偿各项损失共计 502 180.74 元。

重视术前讨论和术中操作，而忽视术后是外科的一大特点，此案告诉我们，出现术后并发症导致损害，不论手术做得多么好都归于零，还会引来不必要的医疗纠纷。

84. 术中需要改变术式怎么办?

由于医学科学发展的局限性，妇科疾病尤其是卵巢肿物，手术前很难确诊，往往需要通过术中或术后病理结果证实诊断，所以会出现手术中改变手术方式或手术范围的问题。遇到这种情况，医生该如何与患者或其家属沟通，怎样处理呢?

（1）术前请患者签署授权委托书，或授权自己的近亲属处理手术中的有关自己病情的一切事宜。

（2）手术中需要改变手术前计划的手术方式，应由相关医生走出手术室，直接与家属谈话沟通，并再次取得同意的签字。

（3）术者应当将手术中所见的情况、手术中的诊断、拟采取的手术方式，以及改变术式的原因详细告知患者家属，并将改变手术方式后可能会出现的并发症，再次以书面形式告知患者家属，谈话内容记录在原有的知情同意书上，也可以重新起草知情同意书，请患者家属再次签字，时间具体到分钟。

（4）术中需要做快速病理，应告知患者家属快速病理诊断的局限性，以及依据快速病理处理的风险，病理结果回报后的医疗措施，应取得患者家属的书面签字同意。

85. 未完善术前检查会导致什么法律后果？

【案例】患者阚某至当地医院行放射学检查，诊断为左膝关节轻度退行性变。又行 MR 检查，诊断意见为左腿胫骨内侧髁及胫骨上段异常信号，考虑骨肉瘤。2007 年 9 月 28 日，患者入住被告医院，于 10 月 10 日在全麻下行左胫骨上端骨肉瘤瘤段切除，肿瘤型膝关节假体置换，腓肠肌内侧肌瓣转移术，术后病理：左胫骨上段鳞状细胞癌骨转移。10 月 24 日出院，诊断为左胫骨上段鳞状细胞癌骨转移。2007 年 10 月至 2008 年 2 月先后四次住院治疗，2007 年 11 月 2 日，外院多功能核素检查为食管中段软组织肿块，考虑为食管癌伴多发骨骼、淋巴结转移，经治疗后临床诊断为食管癌Ⅳ期、多发骨转移右侧肋骨＋左胫骨。2008 年 3 月 20 日患者死亡。患者家属认为被告医院漏诊食管癌造成患者死亡，故将被告医院诉至法院。

诉讼过程中某鉴定机构对本案进行鉴定认为：①临床诊断为骨转移癌，医院在寻找原发病灶过程中对 2007 年 9 月 28 日临时医嘱单中便常规潜血未予执行；10 月 9 日，患者 CT 检查印象为双肺局限性肺气肿，食管下端局限性增厚，建议进一步检查食管造影或增强检查，医方未对提示进一步完善术前检查，未请消化科会诊以寻找原发病灶，术前检查不完善。②骨转移癌在未证实原发病灶情况下手术，医方应与患者充分说明。现有医疗资料，术前主任查房、术前讨论、术前小结及手术同意书中均未显示医方与患方说明先切除骨肿瘤，术后再寻找原发病灶的手术方案。③术前医方未能依据胸部 CT 检查后提示进一步诊断，患者于被告医院出院后在外院确诊为食管癌Ⅳ期。医方因未予重视 CT 检查结果，导致食管癌漏诊，而食管癌的手术方案可有多种选择。综合分析认为：患者死亡与被告医院医疗过失存在因果关系，属次要责任。

法院认为，医疗机构违反告知义务或者注意义务造成患者损害的，应当承担侵权责任。根据鉴定意见认定患者死亡与被告医院医疗过失存在一定的因果关系，责任比例为 30%，医院赔偿患方各项损失共计 512 507.10 元。

86. 无替代治疗方案构成侵权吗？

【案例】龚某因阵发性头晕、头痛 1 年余，于 2016 年 7 月 13 日住院，21 日行颅内动脉瘤介入栓塞术，术中出现动脉瘤破裂出血，给予脑室穿刺引流。术后入 ICU。于 2016 年 7 月 22 日行双额冠状切口去骨瓣减压术，2016 年 8 月 16 日患者死亡引发医疗纠纷。

诉讼中司法鉴定机构意见认为，医方在术前疾病记录中有开颅手术向患者家属交代的记载，但在医方的家属同意手术记录中未见替代方案的告知说明，医方告知义务履行不完全，存在缺陷。患者术前检查存在白细胞减少、血小板减少、脾亢、乙肝病毒携带等情况，腹部CT提示脾大、门脉高压，不除外肝硬化。医方应在术前明确血小板减少的原因，并对血小板减少给手术增加的相关风险进行预防和告知，但在送检病历中未见相关记载。应认为医方注意义务不到位，存在不足。被鉴定人的动脉瘤破裂出血是在医方为其实施脑动脉瘤介入栓塞术的过程中发生的，属于术中并发症。综合分析不排除医方的注意义务不到位（注意义务包括风险预知义务和风险回避义务），存在缺陷或不足。医方在病历管理方面存在术前、术后多项辅助检查报告单未及时归入病历。综上所述，医方诊疗过程中的医疗行为存在医疗过错，其过错与患者的损伤后果之间存在一定因果关系，责任程度为次要责任。

法院对鉴定结论予以采信，结合本案的实际情况酌情确定责任比例为30%，判决被告赔偿原告各项损失共计530 040.18元。

87. 什么情况是医疗告知不规范?

如何判断一个行为属于权利行为还是义务行为，最简单的办法就是看这个行为是否可以选择做或者不做。比如开车要遵守交通信号的指示，这个没得选择，这就是义务。比如你有20块钱，你可以买个简餐，或者点一杯咖啡，这种支付的选择就是权利。比如你是继承人，你继承遗产，是你法定的权利，如果要放弃继承，需要你做出声明才可以。

医疗纠纷中告知为什么是一种重要的责任，甚至比治疗本身还重要？这是因为：①医患双方在医学知识认知上有巨大差异，对于病情的诊断、诊疗方案的确定、所需要负担的医疗费用、生存状况、预后期望等信息，患者完全要从接诊医生处获得，对医生是极度依赖的，对于三甲医院、知名专家就更是如神明般崇拜。②治疗的过程，我们可以理解为是用一种损伤代替现有的病症痛苦，治疗行为往往伴随着损伤，哪怕吃酚麻美敏降温，也可能会引起肝功异常，更何况对于免疫系统疾病使用雷公藤、环磷酰胺这些药物。所以如何选择治疗方案，该方案是否属于目前最合理的选择，都属于应告知患者的范畴。对于患者，投入产出比越高当然越好，但他们对发生风险甚至严重的并发症的概率等均无从了解，医生基于普世的善良和正义，应当给予患者客观、明确的告知。

【例 1】有一名患者长期服用一种降压药，效果不理想，之后医生又推荐了另一种降压药，但医生并未询问患者之前服药的情况，也未对新药如何服用进行说明。患者服药第二天，早上活动时，血压降到 70/40mmHg，发生低血压休克，很快出现晕厥症状。

【例 2】一患者行血管外科手术，术中下肢动脉安放支架，出院时带 100 片华法林片，但出院医嘱为阿司匹林每日 1 片，

1个月后复查。患者遵医嘱服药，在出院第四天出现消化道出血的严重症状，送医后救治无效，因失血性休克死亡。这种严重不负责任引发的损害，亦属于告知不规范。

88. 替代治疗不及时医院会承担什么后果？

【案例】患者张某，56岁，主因“胆总管结石”至被告医院消化科治疗。入院初步诊断：①黄疸待查（胆总管结石？胆管癌？）；②胆囊结石；③糖尿病。结合患者病情在消化科行“ERCP+EST+胆管扩张术＋猪尾支架置入术”。术后第六天，张某胆红素较前无明显变化，仍存在重度黄疸，查肝胰CT示胆道支架置入术后，肝内小囊肿、胆囊炎、胆囊结石可能性大。经肝胆外科会诊，建议转科进一步治疗。肝胆外科行“胆囊切除、胆道探查、胆管修补成形、T管引流术”，术后张某血氧饱和度及血压不稳，因此转入ICU继续治疗。ICU诊断：①重症肺炎感染性休克MODS（呼吸、循环、肾脏）；②梗阻性黄疸；③胆囊结石，胆囊胆管瘘；④急性化脓性胆囊炎；⑤糖尿病；⑥血小板减少症。经治疗张某不见好转，家属要求出院。出院情况：患者处于昏迷状态，呼吸机辅助呼吸。张某出院当天于家中死亡。张某家属认为，张某死亡是被告医院治疗不及时所致，故将被告医院诉至人民法院。

法院委托鉴定机构进行鉴定，鉴定意见认为，①被鉴定人张某主因“间断上腹痛2个月，发现皮肤、巩膜黄染3天”住院治疗，入院后完善相关检查，MRCP 示胆囊结石，胆囊炎继发胆管扩张，被鉴定人入院诊断为黄疸待查（胆总管结石？胆管癌？胆囊结石？）及糖尿病，在被告医院行“ERCP +EST+ 胆管扩张术＋猪尾支架置入术”，我们认为被告医院在上述医疗过程中入院诊断相对明确，手术指征存在，手术方式选择得当，手术过程顺利。②医方术后予以抑酸、保肝、抗感染治疗，监测肝功能变化，术后第六天被鉴定人张某复查肝功能示转氨酶较前下降，胆红素较前无明显变化，仍存在重度黄疸，查肝胰 CT 示肝内小囊肿、胆囊炎、胆囊结石可能性大，经请肝胆外科会诊，建议转科进一步治疗，医方在谈话记录中已明确告知患方并签字，转肝胆外科，处置基本得当。当日被鉴定人张某转入肝胆外科治疗，医方继续完善生化检查及血常规，请相关科室进行会诊，应用保肝药物保肝治疗，符合诊疗常规。通阅病历，我们认为被告医院在被鉴定人张某 ERCP 术后较长时间仍有全身皮肤重度黄染无明显改善并且被鉴定人有高热情况出现，而上述诊疗效果不佳时，应及早采取手术治疗，医方存在医疗过失。③通阅病历，医方在行 ERCP 术、胃镜检查前履行了必要告知义务并签字确认了知情同意书，但知情同意书中反映的 ERCP 术预期后果不详细，沟通欠全面。综上所述：被告医院在对被鉴定人张某的诊疗过程中，存在“ERCP 术后处置欠积极、沟通告知不够”的医疗过失，不排除对被鉴定人张某死亡的不良转归有一定影响，存在一定程度的因果关系。被告医院医疗过失的责任考虑以次要责任为宜。人民法院据此认定责任比例 35%，判决被告医院赔偿患方各项经济损失 246 080.2 元人民币。

89. 因不请会诊患者死亡，医院承担什么责任？

【案例】患者张某，63 岁，主因腹痛于 2017 年 6 月 24 日 21 点 28 分就诊于被告医院急诊科，急诊内科接诊。现病史为半小时前无诱因出现上腹部疼痛，性质难以描述，向左肩部放射，不向左上肢放射，持续不缓解，无进行性加重，无呼吸困难，无咯血，无恶心、呕吐，无排黑便，无发热，无心悸。结合张某病情处理意见：描记心电图示窦性心律，心率 57 次 / 分，未见明显 ST–T 段改变；完善血常规、淀粉酶、肌钙蛋白、上腹部 CT 检查；向患者家属告知，患者现腹痛原因不明，有病情恶化可能，需密切观察病情变化。22 点 18 分患者突发意识障碍，下颌式呼吸，患者病情危重，立即转至抢救室，口头报病危，立即行多功能监护：心率 168 次 / 分，呼吸 17 次 / 分，血压测不出，指脉氧 98%。查体：神志不清，双瞳孔直径约 3mm，对光反射迟钝，未触及颈动脉搏动，双肺呼吸音清晰，未闻及干湿性啰音。立即给予简易呼吸器辅助通气，给予持续心肺复苏抢救。23 点 26 分患者仍神志不清，无自主呼吸、心跳，描记心电图呈等电位线，宣布临床死亡。为明确死亡原因家属要求尸检。

尸检病理诊断：①冠状动脉粥样硬化性心脏病，管腔呈不同程度狭窄，其中左冠状动脉主干及左旋支Ⅱ级狭窄，前降支Ⅱ级狭窄，升主动脉粥样硬化。②室间隔部分区域心肌细胞胞质及胞核淡染，部分胞核溶解消失，散在炎细胞浸润，符合心肌梗死的较早期改变。左心室壁可见多处纤维化瘢痕灶（陈旧性心肌梗死灶）。③双肺广泛性肺水肿，其间可见多量心衰细胞，伴双肺代偿性肺气肿。④软脑膜及脑组织血管扩张、充血，微血管透明血栓形成，内囊区域可见软化灶，局部见散在的淀粉样小体，区域性神经细胞空泡变性。⑤肝脂肪变性，肾、脾、胰等器官血管扩张充血，不同程度自溶。

张某家属认为医院在诊疗过程中存在漏诊，是造成张某死亡的主要原因，投诉到当地医疗纠纷调解委员会。调解过程中医调委组织专家对张某就诊过程进行分析，认为被告医院存在以下不足：①未请心脏内科会诊，造成病情诊断延误；②接诊医生单纯地认为张某为腹痛，而未进一步检查明确病因，存在治疗不足。经医调委调解被告医院赔偿患者家属各项损失人民币 220 000 元。

90. 辅助检查过程中怎样预防风险？

【案例】患者李某，女，62 岁，于 2017 年 4 月 18 日因“胆囊结石右肾囊肿”住院。常规到 CT 室行腹部 CT 检查，放射科医师核对患者信息无误，摆放好患者检查体位后，嘱患者家属于检查室外面等候。待扫描完毕放低检查床，患者李某下床时不慎摔倒，放射科医师立即陪同家属到骨科就诊，经检查：右足第二、三、四跖骨骨折。

经与其家属多次沟通后，医患双方同意通过北京市医疗纠纷人民调解委员会解决。调解委员会提出检查医生存在的主要问题是：CT 检查后，医方在检查床下降的过程中让患者下床，使患者摔伤致右足第二、三、四跖骨骨折，需要行石膏外固定及对症治疗，医方应承担主要的赔偿责任。

临床许多患者要离开病房去做辅助检查，如何保障这个过程中的安全是一个普遍存在的问题。按照医疗高度注意义务的标准，医院要对患者的安全全面负责，在检查过程中要预见到可能存在的风险，要有专门医务人员陪同，确保检查过程中的安全，还要注意检查过程中疾病的突然变化，一些检查复杂、耗时较长的科室应配备必要的抢救药品和器械。

91. 特殊治疗未尽高度注意义务为何担责？

【案例】患者赵某，67 岁，因“发作性心悸 8 年”就诊于被告医院。经检查以“心律失常——阵发性室上性心动过速”收入院进行治疗，完善辅助检查，择日行“心腔内电生理检查＋导管射频消融术”。术中出现一过性Ⅱ度房室传导阻滞，术后心电监测为Ⅱ度房室传导阻滞。经两个月保守治疗后赵某仍为Ⅱ度房室传导阻滞，建议安装永久型人工心脏起搏器治疗，赵某及家属同意，但要求转院安装。赵某以被告医院手术不当造成其Ⅱ度房室传导阻滞损伤为由，将医院诉至当地法院。

经司法鉴定机构鉴定，结论为：①被鉴定人赵某因“发作性心悸 8 年”入住被告医院，根据主诉、现病史、体格检查及辅助检查等情况，医方初步诊断为“心律失常——阵发性室上性心动过速”成立。②根据被鉴定人入院时病情及辅助检查结果，医方给予“心腔内电生理检查＋导管射频消融术”符合被鉴定人当时病情的客观需要，存在手术适应证，无明显禁忌证，并履行了签字告知义务。③根据现有送检材料，医方手术记录中记载“在三尖瓣环 7：00 处标测到 VA 融合点，放电消融。术中出现一过性Ⅳ度房室传导阻滞，随即转为Ⅱ度房室传导阻滞”，再结合术后病情表现、相关检查及近期心电图检查证实被鉴定人目前仍存在房室传导阻滞，经分析认为与医方手术操作造成副损伤存在相关性，存在医疗过错。④根据送检材料中手术记录记载医方放电消融处为 7 点钟位置，而希氏束位于 12 点钟位置，前间隔位于 11—12 点钟位置，即异常径路与房室解剖结构并非很接近，如医方按常规操作并高度注意可避免其发生，故认为医方术中造成副损伤为损害后果发生的根本因素。综合分析认为：被告医院对被鉴定人赵某的诊疗行为存在一定的过错，医方承担主要责任。赵某伤残等级为六级。人民法院据此认定被告医院承担责任比例 70%，判决医院赔偿患者各项经济损失 476 316.5 元人民币。

92. 不符合出院标准患者要求出院怎么办?

临床一些患者病情不稳定，不符合出院标准，但因为个人或家庭原因要求出院，准许这样的患者出院会存在一定风险，那么医院该怎么处理呢?

医护人员应当充分详细地向患者及其家属告知，包括患者的疾病诊断、服药情况、目前存在的症状、疾病的风险、可能发生的意外等，并在充分、详细地告知后，请患者及其家属签署一份知情同意书。知情同意书要载明：患者一般情况、目前疾病状况、执意出院可能出现的风险、对于患者要求出院的医学安全建议。最后让患者及其家属书写明确的声明意见，如“医生已详细告知上述患者出院后的风险，我们已认真阅读并充分理解，现声明如下：由于个人和家庭等原因，决定带患者某某出院，如果出院后产生不良后果，由患者本人及家属承担，与医院无关，我方不与医院发生纠纷”。

93. 符合出院标准患者拒绝出院怎么办?

临床患者常因医患纠纷得不到满意的解决，以拒绝出院的方式给医院“找麻烦”，这时他们往往也不交纳住院费用，有的患者还无理取闹，干扰正常医疗工作，严重影响医院的正常工作秩序。一项调查统计结果显示，76.67% 的医院发生过患者及其家属在诊疗结束后拒绝出院且不交纳住院费用的情况。符合出院标准患者拒绝出院怎么办呢?

（1）与患方进行有效的沟通　医疗机构不是养老托老机构，在患者病情稳定或好转且符合出院标准的情况下，患者收到出院通知书就应当结清住院费用办理出院手续。医生对患者拥有诊疗权，对患者该不该采取医疗措施，该应用何种诊疗方案，是由医师向患者提出，患者知情同意后才实施的，患者无权要求医生完全按照自己的设想安排诊疗。患者拒不出院的行为干扰了医院的正常工作秩序，尤其对于一些床位紧张的大医院，也直接影响了其他患者的就诊权利。患者不支付住院费用，更是违反了医疗服务合同。以上这些情况都需要和患方进行有效的沟通。

（2）积极处理遗留纠纷　拒不出院的情况大多是患者与医院事先就有纠纷，医院应该就矛盾根源与患者积极协商处理。如果协商无法解决，医院可以在征得患者同意后通过第三方（如调解中心或鉴定机构）对双方的原发争议进行评判或调处。一般说来，只要医院不是漠视或排斥的态度，愿意配合患者将问题解释清楚，大部分矛盾都可以得到化解。

（3）寻求法律途径解决　如果医院主动解决问题的诚意无法得到患者的认同，医院就应当及时诉诸法律，起诉到被告所在地法院，维护自身权益。但是，问题未解决之前，医院不要自行采取强制措施，这样往往会使矛盾更加激化，有时甚至会引发极端事件。在处理过程中，医疗机构应当注意采取以下策略：①协商时注意保留相关证据，如双方谈话时的录音；用书面的方式将出院通知告知患方，出院通知书一式两份，一份院方存留，一份患方存留，被通知者要同时在两份通知书上签字，如患方拒绝签字，可请在场的第三方做见证，并如实记录；②如果多次沟通无果后，院方应及早起诉，请求人民法院予以支持，排除妨碍；③诉讼阶段，可以申请法院对患者医疗的合理性进行医学鉴定；④起诉后，可以申请人民法院先予执行，以尽快地恢复医院的正常医疗秩序。

94. 导致医疗纠纷的常见因素有哪些？

（1）医学不是完善的科学　现代医学是一个正在发展的学科，人类对（医学）疾病的认识还很有限。目前有三分之一的疾病病因尚未明了或尚未完全明了，比如非典到底是什么病，它的流行病学全过程是怎样的，至今也不能完全说清楚。

（2）医师的专业水平和专业领域限制　现今我国的医生从三甲医院医生到乡村医生，一共分六个等级，他们的知识水平不同，差距非常大。即便是专家，也只是在某一个领域很权威，如果面对跨系统跨学科的领域，他们可能就算不上专家了。

（3）医院的整体医疗水平限制　现在第三类医疗技术，只能由三甲医院申报并使用，三级乙等医院都不具备申报资格。因为运用高尖技术需要较高的综合能力，医院综合能力强，才能合理、安全地使用尖端技术。不具备相关必备资质就盲目开展不符合医院等级水平的医疗技术很容易出现风险事故。

（4）医疗技术水平限制　现在可以作为诊断金标准的医学检查很少，绝对准确的技术很少。比如彩超检查有时无法筛查出胎儿手指畸形、耳道闭锁等情况。

（5）沟通不到位　世界卫生组织做过统计，患者对医生诉说病情的时间平均只有19秒。一则新闻报道：湖北一患者跳下手术台追打医生，缘由也是医患沟通不顺畅。做一个好医生应该是上知天文、下知地理、中知人事，以前医疗是单纯的生物模式，但现在已经转变成生物－心理－社会模式三位一体。这对医生提出了更高的要求，只有理解并适应这种模式转变，医生才能控制和驾驭疾病的治疗，掌握患者的心理动态，避免引发医疗纠纷。

（6）责任心不强　主观上来讲有些医生是会出现过于自信、麻痹大意、不谨慎等问题。客观上来讲，中国每年超过70亿人次的门急诊量，使得一些大医院的门诊医师几乎每几分钟就要诊断一个患者。在如此大的工作强度下，疏忽是很容易发生的。这就要求医务人员必须时刻保持强烈的责任心，在精进医术的同时做到操作不违规、沟通不缺失、态度不敷衍，尽量避免医疗纠纷的发生。

（7）患者维权意识提高　人们的法治观念在随着社会不断进步而提高，患者的维权意识不断增强，当感觉自己的权益受到侵犯时不会一味忍让，而是用法律的武器来保障自己的权利。

95. 发生医疗意外怎么办？

医疗意外，指在医疗机构对患者进行诊疗护理的过程中，不是出于故意或过失，而是由于患者自身病情异常或者体质特殊所致的损害。不良后果的发生是现代医学科学难以预料和防范的。

医疗意外的特征：一是患者死亡、残疾或功能障碍的不良后果，发生在诊疗护理过程中；二是不良后果的发生，是患者病情异常或者体质特殊所引起的。

医疗意外是由不能抗拒或不能预见的原因，导致患者发生难以预料和防范的不良后果的情况。所谓不能抗拒的原因，是指医务人员以自身的能力和技术条件，不能防止和阻断损害后果的发生。所谓不能预见的原因，则是指医务人员根据自身的专业知识和技能，在当时的条件和情况下无法预见不良后果的发生。

构成医疗意外的要件包括以下三项。

（1）患者损害后果的发生必须是在诊疗护理过程中。如果不是发生在诊疗护理过程中，则不属于医疗意外的讨论范围。

（2）患者损害后果的发生是由于患者病情异常或者患者体质特殊造成的，是医务人员在常规医疗工作中难以预料和防范的。

（3）客观上发生了患者死亡、功能障碍等不良后果。如果没有发生损害结果，则不在医疗意外的讨论范围。

《医疗事故处理条例》第四十九条规定，医疗事故赔偿，应当考虑下列因素，确定具体赔偿数额：①医疗事故等级；②医疗过失行为在医疗事故损害后果中的责任程度；③医疗事故损害后果与患者原有疾病状况之间的关系。不属于医疗事故的，医疗机构不承担赔偿责任。

需要明确的是，疏忽大意导致的损害不属于医疗意外。疏忽大意的过失与医疗意外的相似之处在于二者都是对不良后果的出现没有预见，但二者又有严格的区别：医务人员对损害事实的出现应当预见或者能够预见却没有预见到，是区分的关键点。例如某医院住院患者，门诊病历记录其对青霉素过敏，而住院医师开出了青霉素皮试，结果在皮试过程中发生过敏性休克，导致患者死亡，这就是典型的疏忽大意的过失，而不是医疗意外，是要承担法律责任的。如果患者否认其有任何药物过敏史，但在青霉素皮试过程中发生过敏性休克，导致患者死亡，这就属于医疗意外。只有医务人员按照诊疗规范进行了诊疗行为且对危害后果的发生不能预见或难以预料，才属医疗意外。另外，对能够预见和难以预料的判定，还应当根据医务人员的资质、客观技术条件和岗位责任制的要求来判定。

既然医疗意外很难预料，我们所要做的就是尽量防范医疗意外的发生，而且一旦出现医疗意外，要尽可能减轻其不良后果。

医务人员必须认真做好以下几点：一是有效的沟通和告知，相关医疗行为实施前，医务人员应将可能发生的风险、后果告知患者及其家属，并签署知情同意书；二是判断相关诊疗行为的选择对患者的病情是否适当，并严密观察异常征象；三是必要的抢救器材及抢救药物必须准备齐全并处于可使用状态，一旦意外发生时抢救必须及时，抢救措施必须到位。如果这些都做到了，那么医务人员应当是免责的。

96. 漏诊为什么要承担赔偿责任？

【案例】高某，男，7个月，于2016年10月23日（周日）14点20分主因15小时前无明显诱因出现夜间哭闹、不易安抚，就诊于被告医院小儿内科。家属诉，高某无呕吐，无以手击头动作，无抽搐，哭闹、活动后无口周颜面发绀。排消化不良便，外观无脓血。家属诉夜眠差，精神稍差，无发热。查体：哭闹下，呼吸30次/分，脉搏146次/分，神清，精神稍差，对外界刺激反应灵敏，无其他病理表现。查腹平片、血常规、生化全项。请小儿外科会诊，接诊医生及会诊医生共同在电脑上进行腹部阅片未见异常，血生化检查未见异常。小儿外科会诊医生建议行空气灌肠检查明确诊断，家属同意。检查经过顺利，空气灌肠检查示：未见明显肠套叠征象，建议继续儿内科就诊。小儿内科医生对症处理，嘱家属密切观察患儿哭闹、发绀、意识、腹泻、呕吐、发热等情况，有变化及时再诊，17点30分高某及家属离院。医院腹平片报告（16点10分）：腹部平片未见异常，心脏改变考虑先天性心脏病，左向右分流，请结合临床（高某家属未取胶片及报告）。2016年10月25日，高某因心搏骤停就诊于当地医院，给予持续心肺复苏、肾上腺素静推，患儿心跳、呼吸无恢复。持续心肺复苏并用救护车转至高级别医院儿科急诊。经抢救，无效，临床死亡。

高某家属认为被告医院治疗不及时是造成高某死亡的主要原因，向被告医院提出赔偿，投诉到当地医调委。调查过程中，高某家属诉高某有先天性心脏病，这次高某主要表现为胃肠道症状，因此没有提及。医调委组织相关专家对高某就诊病历及疾病发展过程进行审查，认为被告医院存在以下不足：①医院腹平片报告“心脏改变考虑先天性心脏病，左向右分流”，接诊医生没有及时发现存在漏诊。②高某病因没有明确，只是嘱观察有变化及时再诊，处理不足。经医调委调解，被告医院赔偿患儿家属各项经济损失人民币 80 000 元整。

97. 为什么告知不充分会成为医方败诉的主要原因?

截至 2021 年查询到的北京三级法院医疗损害责任纠纷判定案件 774 起，医疗机构有责任败诉的 669 件次，占 86.43%；认定医疗机构无责的 105 件，占 13.57%。医方败诉原因最多见的是医疗告知不充分。未尽告知义务占比 42%，未尽注意义务、延误治疗占比 33%，未尽告知义务成为致医方败诉的第一大因素。

究其原因，一是与患者的法律意识提升有关，患者对自身知情同意权的维护意识越来越强；二是医疗知情同意书不规范，许多小医院的医疗知情同意书是照抄大医院的，而大医院的是科室主任制定的，可科室主任是在医疗技术范畴内编写的，许多法律方面的内容没有包括进去，存在导致知情同意书不能免责的问题，这些问题包括但不限于：有手术适应证没有禁忌证、有并发症没有应对预案、有手术方案而没有可选择的其他治疗方案，以及医院有家属、患者签字的知情同意书但没给患方备份等。

另外，医疗机构对患者及其家属病历材料记录不完整、书写不规范，会直接影响法院对医疗机构告知义务履行情况的判定。而且目前医疗机构对患者及其家属的告知多为形式上的告知，不注重告知义务的全面履行，这也使医疗机构更容易被认定存在未尽告知义务的过错。

98. 告知病情怎样避免产生不利后果？

【案例】年过六旬的苏北王老太因病到江苏省某医院就诊，被确诊为肺癌并决定手术，家属因为担心王老太接受不了，隐瞒了病情。术前一位女麻醉师按照医院规定与患者进行知情同意告知谈话："老太太，您好，您得的是肺癌，病情很重，需要做开胸手术，您要做好术前准备……"谈话还没有结束，老太太却因为害怕和恐惧，突发心脏病，经抢救无效死亡。家属认为，医院不顾患者身体状况，透露病情"吓"死了老太太，要求医院承担法律责任。

如实告知患者病情是医务人员的义务，但在实践中，会存在这样一种情况：某些患者心理承受能力较差，特别是一些来自偏远地区、文化程度较低的老年患者，一旦得知自己的真实病情，会认为自己已无药可救而陷入“走投无路”的痛苦境地，甚至进而采取自杀以了结生命的极端手段。

患者家属通常认为，医院不能以保护患者“知情权”为借口，不计后果、不考虑患者的接受能力，就将病情告诉患者，导致悲剧发生。如果患者因为医生的“恐吓”而死亡，医院应对此负有医疗不当的责任。但是相关法律又明确规定，医院必须履行告知义务，保障患者的“知情同意权”。

《中华人民共和国医师法》第二十五条规定：医师在诊疗活动中应当向患者说明病情、医疗措施和其他需要告知的事项。需要实施手术、特殊检查、特殊治疗的，医师应当及时向患者具体说明医疗风险、替代医疗方案等情况，并取得其明确同意；不能或者不宜向患者说明的，应当向患者的近亲属说明，并取得其明确同意。

《医疗事故处理条例》第十一条规定：在医疗活动中，医疗机构及其医务人员应当将患者的病情、医疗措施、医疗风险等如实告知患者，及时解答其咨询；但是，应当避免对患者产生不利后果。

那么，如何解决医患双方在“知情权”上的矛盾？院方该如何既保护患者的知情权又妥善履行病情告知义务呢？

（1）适度告知原则　王老太身患恶性肿瘤，身体素质较差，得知病情后难以承受，诱发了心脏病而猝死，并非受到“恐吓”致死。麻醉师将病情告知患者，是为了让患者能对手术做充足的思想准备，这也是在保障患者的知情权，是合理合法的。但是，医院依法履行了告知义务，患者却在被告知实际病情后出现意外，这又与医院救死扶伤的目的相背离。所以应当注意，这里就存在一个医疗告知“适度”的问题。

（2）以患者心理承受能力为限决定告知程度　首先，按照法律规定，医院必须保障患者的知情权。其次，医院保护患者知情权应当注意方式和程度，避免不利后果的发生。可见，法律虽然对医疗告知有一个概括的限制性规定，但是没有确定一个具体的量化标准。在临床实践中，就要求医生根据自己的经验，判断不同患者的心理承受能力，掌握告知谈话的尺度和方式方法，审慎地签署各类知情同意书，注重自我保护。

（3）如实告知但可以适当淡化病情　患者有权了解与治疗有关的真实信息，这也是医生应尽的义务。无论是医疗行为的益处还是风险，均应如实地向患者进行详尽的介绍。相关法律对医院保障患者知情权的定位不仅限于“有无”，更重要的是告知的方式方法。在特殊情况下，医护人员可选择适当的时机及方式，避免对患者的治疗和康复产生不利的影响；或者选择在签署授权委托书的前提下向其近亲属介绍病情，后者也被视为对患者知情权保护的延伸。

99. 患者发生坠床摔伤怎么办？

患者在住院期间，其生活护理一般由家属或陪护人员承担，但对于危重症、特级护理、精神病、无陪护的患者，护士的护理责任和护理范围会相应扩大。坠床、如厕摔伤是患者起诉护士的常见原因，然而患者在医院内摔倒，护士不一定有绝对的责任，一定要有足够的证据证明这种伤害并非护士的疏忽造成的。法律诉讼中主要评估两点：患者是否有坠床、摔倒的潜在危险；医方是否采取了必要的预防措施（这是非常重要的）。因此，护理记录中要记录下为保护患者所采取的一切防护措施，以证明自己已经尽到了善意的照护责任，方可以免责。

患者坠床、摔伤的风险应对措施如下。

（1）医院需在《住院患者知情同意书》中将坠床、如厕摔伤等风险明确告知患者及其家属，并明确生活护理是由留院的陪护家属或陪护人员承担，护士负责的是医疗照护。

（2）护士要评估患者是否存在坠床、如厕摔伤的风险，对高风险患者应实施有预见性的保护措施，如使用防护栏等。病房走廊要有扶手，卫生间要符合医院建筑要求等。

（3）对有坠床、摔伤风险的高危人群严格按照分级护理要求定时巡视查房，对有陪护的患者，护士应善意提醒陪护人员密切监护，防止患者滑倒、跌倒、坠床等意外事件的发生，并做好记录。

（4）医院应制定患者住院期间出现坠床、摔伤等的应急预案及处置流程。

应急预案

①定期检查病房设施，不断改进完善，杜绝安全隐患。

②当患者突然摔倒时，医护人员应立即赶到患者身边，询问患者情况，判断患者的神志、受伤部位、伤情程度、全身状况等，初步判断摔伤原因或病因。

③对疑有骨折或肌肉、韧带损伤的患者，根据摔伤的部位和伤情采取相应的搬运方法，将患者抬至病床；可请专科医生对患者进行检查，必要时遵医嘱行X线检查及其他治疗。

④患者出现意识障碍等危及生命的情况时，应立即将患者轻抬至病床，严密观察病情变化，注意瞳孔、神志、呼吸、血压等生命体征的变化情况，通知医生迅速采取相应的急救措施。

⑤对于受伤程度较轻的患者，可搀扶或用轮椅将其送回病床，嘱其卧床休息，安慰患者，并为其测量血压、脉搏，通知医生根据病情做进一步的检查和治疗。

⑥对于有开放性伤口的患者，应及时按照处置流程进行处理。

⑦加强巡视，及时观察采取措施后的效果，直到患者病情稳定。

⑧医护人员准确、及时书写护理记录及病程记录，认

真交班。

⑨向患者了解当时摔倒的情景，帮助患者分析摔倒的原因，向患者做宣教指导，提高患者的自我防范意识，尽可能避免再次摔伤。

处理程序

患者突然摔倒→立即通知医护→检查患者摔伤情况→将患者抬至病床→进行必要检查→严密观察病情变化→对症处理→加强巡视→观察效果→做好记录→认真交班→做健康教育。

100. 患者拒绝做检查怎么办?

临床上无论门急诊还是病房，都会碰到这样的情况：医生认为患者应该做某些辅助检查，而患者以种种借口拒绝，还非得要求医生给出治疗方案。如果没做辅助检查，患者用药后病情好转或治愈，患者会认为“其实根本就不用检查，医生就是为了多创收嘛”；如果用药后病情不见好转，回过头来再做检查，重新诊断治疗，患者又会说“当初医生也没说清楚哇，咱也不是大夫，哪儿懂这些呀”。医生往往处于两难的境地，该何去何从？

（1）有效沟通和告知　医生在初步询问患者症状、病史及进行体格检查后，认为患者需要进一步检查的，应该向患者说明检查项目的名称、主要目的、所需时间、大致费用、对下一步诊治的意义、有无不利影响等。如果患者因种种理由拒绝做相应检查，医生应该再次耐心地给患者解释，使患者最大限度地理解医生的想法，力求达成共识，让患者接受做检查的建议。

（2）常规检查要进行　按照循证医学要求的医疗规范，对不同的疾病进行的常规检查一定要完成。医生做出的诊疗意见必须有依据支持。如果没有依据支持，一旦出现医疗损害，发生医疗纠纷，就没有证据能证明医疗行为是否符合医疗规范的要求。所以一定要说服患者进行常规检查，这对患者和医生自己都是一种保护。

（3）特殊检查尊重患者选择权　某些疾病的特殊检查和特异性检查（包括高费用检查），必须征得患者或者家属的同意才能进行。如果患方拒绝检查，医生应该在告知该项检查的意义和目的的同时，给出其他替代方案，供患者和家属选择。

（4）患者拒绝检查造成的损害后果自己要担责　患者拒做检查引起诊疗困难或者导致医生不能做出诊断时，医师应在病历（包括门诊手册或住院病历）中如实记载，并以“病情告知书”或“检查知情同意书”的形式，告知患者拒做检查将会引发的不良后果，请患者或家属签字。这样，医方尽到告知义务，患者也充分履行了其选择权和同意权，一旦出现医疗纠纷，医方就可以举证自己尽到了医疗责任。

101. 家属拒绝检查未签字医方会承担什么责任?

【案例】患者朱某，女，59 岁，于 2015 年 3 月 29 日因“右侧腰部阵发性疼痛 1 天”就诊于某医院，门诊以“右侧输尿管结石”收住院。入院后排除手术禁忌，当日行输尿管镜取石术。术中见右侧输尿管末端嵌顿结石 1 块，直径 3mm，取物钳取出结石，手术顺利。术后予吸氧和心电监护，输液抗炎及对症治疗，患者一般状况良好，生命体征平稳。术后第二天 17 点 40 分患者下地活动时突发晕倒，起身后神志清楚、精神较弱、大汗、稍憋气，当时请呼吸科会诊，建议查肺 CTA 除外肺栓塞，家属拒绝进一步 CTA 检查，未完善病历记录及签字，使用低分子肝素钙对症治疗。

第三日凌晨 2 点患者大便后，突发呼吸困难、心前区疼痛、口唇发绀、大汗，呼之不应，触诊颈动脉搏动消失，考虑急性肺栓塞，不除外急性心肌梗死，即刻开放静脉通道，心电监护提示室性自搏心律，同时开始床旁心肺复苏、气管插管，使用血管活性药物，进行院内大抢救。8 点患者再次突发室颤，患者心电图波形呈直线，宣告死亡。

患者死亡后家属起诉，法院指定的司法鉴定机构认为：患者自身术后出现急性肺栓塞及并发急性心肌梗死可造成肺动脉高压和右心衰竭、肺缺血、缺氧和左心输出量下降、心律失常、循环衰竭，是被鉴定人术后死亡的主要原因。医方诊疗行为存在未引起必要注意义务的医疗过失，与被鉴定人死亡存在一定程度的因果关系，按过错参与度属次要责任。

临床医生高度怀疑或者需要特异性检查排除疾病时，家属或患者拒绝的行为是有可能导致医疗纠纷的隐患，按照法律规定患方拒绝配合符合医疗规范的检查和治疗，导致损害后果的，医方不承担责任。但是，对这一项的认定需要医方举证，本案例就是患方拒绝签字，而医方没有记录和双人签字，也没有患方拒绝签字的证据。

102. 家属意见不一致时怎么办?

某医院收治一名老年男性患者，长期卧床，失语并患有冠心病、心力衰竭、高血压病、糖尿病、卒中后遗症等多种疾病，且神志不清，情况很差。医生按照常规处理后，由于患者外周静脉条件较差，为进一步积极抢救患者，医生想为患者进行深静脉置管，保护外周血管，并便于辅以静脉营养支持。同时，医生向患者家属下达了病重通知书，并询问家属一旦患者出现病危情况，是否同意进行气管插管、胸外心脏按压等抢救措施。家属们此时出现了意见不一致，一部分子女表示不同意深静脉置管，也不同意任何有创抢救措施，甚至不同意使用任何营养支持药品，只同意使用最基本的维持生命的药物；另一部分子女却表示要不惜代价，全力抢救患者，同意深静脉置管，要求使用一切治疗药品，必要时可以进行气管插管等有创抢救。两种意见互不相让，可谁也不肯在知情同意书等具有治疗选择权的文书上签字，让医生感到无所适从。

如果医生遇到这种情况时，应对措施如下。

（1）患方享有选择权和同意权。患者的选择权和同意权使知情权成为可以支配的权利，没有选择权、同意权的患者知情权是没有实际意义的。因此，医方应当切实履行告知说明义务。如果由于医方违反法律规定没有切实履行告知说明义务，从而引起患方医疗损害的，应当承担相应的损害赔偿责任，反之则不然。

（2）如果患者的家属众多，医生可以请他们必须从中选出一位作为患者的授权委托人，也是家属的委托代表，由其全权代理患者的各种知情权和选择权。这样，医生只需向该委托代表说明患者目前的病情、诊疗计划及预后告知内容。法律法规并未规定必须经全部家属同意才能实施医疗措施，因此只要有法定的亲属签字，并能够承担医疗费用，医生就可以实施治疗和手术，这是合法的。医方有任何告知都只与患者的授权委托人对接，家属们有任何意见、想法，也都要通过授权委托人向医院提出。把需要做的几种选择清楚地告知患者的授权委托人，给一个期限，要求他做出选择，并签署书面的知情同意书即可。

（3）如果家属分歧严重，不能达成一致，医院只好履行转移义务，建议患者出院或者转院。

（4）如果患者处于危急抢救状态，又不能取得家属意见时，由医院法定代表人直接授权，科室负责人签字后，即可实施相应的紧急抢救措施，医护人员必须做好记录。必要时可以请公安部门出警见证。

103. 医务人员是否应当为患者加号？

挂号，是患者与医院产生医疗服务合同关系的前提。医疗资源供求不平衡，“看病难，挂号难，挂专家号更难”的现象是目前我国各大医院的现状。前不久，上海某医院一位主任因为同意给患者加号而没能及时让患者就诊，引发了激烈的冲突。那么，医务人员到底该不该给患者加号呢？首先，目前的法律法规并没有禁止医务人员给患者加号，因此是否加号由医生自主决定。

《中华人民共和国医师法》第二十二条第一项规定：医师在执业活动过程中，有权在注册的执业范围内，按照有关规范进行医学诊查、疾病调查、医学处置、出具相应的医学证明文件，选择合理的医疗、预防、保健方案。医师的这项权利在法律上称之为医师的独立诊疗权。换言之，医师的执业活动享有独立的选择决定权，不受其他人为因素的干扰，是否加号属于医生的自主选择权范畴，医生可以加也可以不加，任何人没有权利要求医生必须加号。

评估加号的合理性应考虑以下几个因素。

（1）患者的病情应在医生注册的诊疗范围之内　《中华人民共和国医师法》第二十四条规定：医师实施医疗、预防、保健措施，签署有关医学证明文件，必须亲自诊查、调查，并按照规定及时填写病历等医学文书，不得隐匿、伪造、篡改或者擅自销毁病历等医学文书及有关资料。医师不得出具虚假医学证明文件以及与自己执业范围无关或者与执业类别不相符的医学证明文件。决定加号之前，医生首先要询问患者病情，明确该病情确属自己的执业范围后再考虑是否给予加号。不能因为熟人相托，就违反诊疗原则。

（2）从患者就诊时间的分配上进行考量　候诊时间长，就诊时间短，看病如打仗，是大医院就诊患者的普遍感受。事实上，对“看病如打仗”感同身受的，绝不仅仅是患者，医生们又何尝不是每日如同上战场。对于正常挂号的患者，如何能在有限的时间内解决患者的疑惑和痛苦，达到患者的诊疗预期，对于每个门诊医生都是考验。面对加号，医生要结合当天就诊患者的数量、诊疗难易程度以及自己下一步的日程安排，比如是否有紧急会诊、是否有重大手术等，应在时间允许的范围之内，在不影响其他患者诊疗时间及诊疗质量的情况下，决定是否给予加号。

（3）尊重正常就诊患者的权利，考虑患者的就诊体验　《中华人民共和国宪法》第四十五条第一款规定：中华人民共和国公民在年老、疾病或者丧失劳动能力的情况下，有从国家和社会获得物质帮助的权利。国家发展为公民享受这些权利所需要的社会保险、社会救济和医疗卫生事业。这是我国现行宪法对于公民权利的规定，也是患者医疗权的法律基础。《中华人民共和国医师法》第二十三条规定：医师在执业活动中履行下列义务：（一）树立敬业精神，恪守职业道德，履行医师职责，尽职尽责救治患者，执行疫情防控等公共卫生措施；（二）遵循临床诊疗指南，遵守临床技术操作规范和医学伦理规范等；（三）尊重、关心、爱护患者，依法保护患者隐私和个人信息；（四）努力钻研业务，更新知识，提高医学专业技术能力和水平，提升医疗卫生服务质量；（五）宣传推广与岗位相适应的健康科普知识，对患者及公众进行健康教育和健康指导；（六）法律、法规规定的其他义务。因此对患者权利的尊重既是患者的要求，也是我国医疗事业不断发展的要求，更是广大医务人员必须履行的法定义务。

医务人员的义务分为基本注意义务和高度注意义务两个层次。基本注意义务又分为一般义务和特别义务。一般义务根据医患关系发展的不同过程包括：在紧急情况下，不得拒绝对患者进行诊断治疗的义务；同意治疗患者后，对患者进行正确诊断的义务；依据诊断结论对患者加以适当治疗的义务；未经患者同意不得任意终止治疗的义务；治疗过程中为患者提供合格的药品、医护人员以及医疗设备的义务；治疗过程中为取得患者承诺而做的说明义务；指导患者进行康复疗养的义务；医疗过程中转诊或转院的说明义务。

对于正常挂号就诊的患者，医生有义务保证患者的诊疗权利不受影响和侵害。除去流程上的影响，医生做任何行为都应考虑患者与其面对面的就诊体验。尤其对于一大早就排队挂号，又等了一上午好不容易看到医生的患者，与医生沟通的每一分每一秒他都会格外珍惜。主诉有没有表达充分，心中的疑问有没有充分解决，都是影响患者就诊体验的关键。当有其他因素干扰到正常诊疗过程的时候，医生首先应当制止干扰行为。

因此，应当结合患者的诊疗紧急度、沟通难易度、困难程度、加号合理度等综合评估加号的必要性，确定可以加号的人群范围。同时一定要掌握不影响正常挂号患者就诊的原则。

104. 性病患者病情怎样告知家属？

临床医生应当及时向患者或其家属介绍病情，但应注意告知的时间、地点和告知的对象，以免对患者造成不利的后果。特别是对于一些特殊疾病，处理不好会产生许多不良后果，甚至纠纷。告知病情时应注意的问题有以下几项。

（1）前提　首先，性病患者应正视现实，不要向配偶隐瞒病史，由患者本人告知配偶，配合治疗是正确的选择。

（2）告知病情的时间　经过各种检查，病情确诊之后，医生应当及时告知患者诊断、治疗和病情的转归等情况。

（3）选择合适的告知地点　一般要在比较独立和安静的房间，向患者或家属告知病情，以保护患者隐私，要避免在诊室当着其他患者的面介绍，应回避无关人员，以免对患者产生不利的后果。

（4）告知患者还是家属要适当选择　一般的病情既可以告

知患者本人，也可以告知患者家属。但性病最好直接告知患者本人，医生可以建议其及时告知自己的配偶，以免对配偶造成不良后果。

105. 护理范围和责任怎么划分？

护理分医疗护理和生活护理，护士的护理工作按照规范的规定主要是医疗护理，但是大众、患者，甚至一些法官都认为，医院收取了护理费就应该承担起患者的全部护理责任，这是一种误解，护理费涵盖的是患者医疗护理范围，不应包括生活护理。那么二者的范围有什么区别呢？

（1）**医疗护理** 按照医疗规范，医疗护理是测体温、量血压、摸脉搏、查呼吸和观察病情的护理工作，医院未做好上述医疗护理，导致患者受到损害，医院将承担赔偿责任。对于生活护理，护士有指导和帮助家属的义务，但不是规范规定的法定义务。

（2）**生活护理** 患者住院需要留下1～2名家属陪护，负责住院期间的生活护理，二十四小时陪伴、监护，照顾患者的饮食、服药、缴费、如厕、活动等，防止患者滑倒、跌伤、噎食、外伤、坠床、过量服药、擅自离院等，并注意患者心理变化，防止意外（包括自伤、自杀、伤人、毁物等）事件发生，以上这些责任是由家属和陪护人员承担。生活护理和人身监护是由患者的家属负责。

上述责任范围，医务人员应该在患者入院时及时向其说明，明确双方在住院期间各自应承担的医疗护理责任和生活护理责任。

106. 医生的错误医嘱护士要不要执行?

医嘱是医生根据患者病情制订的诊疗计划，是护士执行各项治疗的依据，执行正确的医嘱是护士的职责，护士及时、准确无误地执行正确的医嘱，对确保患者的医疗安全，减少疾病带来的痛苦，有着重要意义。

临床上在护士执行医嘱的一些环节上，存在着种种安全隐患，一旦这些隐患发作就有可能酿成严重后果。因此，加强对执行医嘱的护理安全管理，要求护士执行正确的医嘱至关重要。护士发现错误的医嘱应向医生及时提出意见，做到错误医嘱不执行，这样才能防患于未然，确保医疗安全。

护士执行正确的医嘱应做到以下几点。

（1）核对医嘱有疑问时当面提出　护士是专门负责护理工作的专业医务工作者，不是机械的执行者，在处理医嘱时首先要认真查对是否正确，如遇有疑问要当面核实清楚，如开具医嘱的医生不在，可找值班医生和他的上级医师核对，这样才能保证执行正确医嘱。明知是错误的医嘱而不出声，执行错误医嘱并导致患者受到损害，护士将要承担法律责任。

（2）护士只执行正确医嘱　法律规定护士只能执行正确的医嘱，不是医生开什么就机械地执行什么。现代医学模式还要求护士细心观察病情，发现问题及时反馈给医生，协助医生出具正确的医嘱，并根据患者的不同病情进行护理。同时要求护士进一步增加相关的药学知识，正确辨认和评估医嘱的正确性，这样才能更好地配合医生的工作，从而保证执行正确的医嘱。

（3）按章操作，口头医嘱“三不”执行　护士一定要做到非抢救患者时，医生口头医嘱不执行；医生不看患者开出的医嘱不执行；发现不正确的医嘱不执行。

（4）口头医嘱的相关限制制度　医院应制定严格的口头医嘱的管理范围与标准，原则上使口头医嘱应用降到最少并能执行得最好，并应列为医院的规章制度。

医生是做好口头医嘱的关键，医生在下达口头医嘱时必须清晰地说出患者姓名、年龄、床号、药名（包括商品名）、剂量、给药途径等。注意避免使用片、瓶等单位来表示所使用药物的剂量。在剂量上，如使用 g、mg，需要特别说明并重复两遍。

医生离开现场之前，应及时在医嘱单或医嘱本上补记口头医嘱并签字。执行护士确认后方可离开。

护士要当好医嘱的执行者，应守好最后一道防线。在执行过程中要严格执行“三查七对”制度。同时护士在执行口头医嘱前，必须清楚地向医生复述医嘱，并确保得到医师的确认后方可实施。现场应有两个人同时听取该口头医嘱，以备查对。

（5）护士学法，保护自己　《护士条例》第三十一条中有明确规定：发现医嘱违反法律、法规、规章或者诊疗技术规范的规定，未依照本条例第十七条的规定提出或者报告的，由县级以上地方人民政府卫生主管部门依据职责分工责令改正，给予警告；情节严重的，暂停其六个月以上一年以下执业活动，甚至由原发证部门吊销其护士执业资格证。因此护士要加强相关法律法规的学习，做到知法、懂法、守法。每一位护士都应当知道，执行错误医嘱也是要承担相应的法律责任的。所以，在保证患者安全的同时，我们的白衣天使也要注意保护自己。

107. 首诊都有哪些内容？

（1）门诊首诊　当患者因病就诊时，完成挂号手续后，到相应的科室进行门诊诊治。此时首诊科室的首诊医师需要完成病史采集、体格检查、辅助检查、病历记录等基础性工作，对症施治。如果不属于本科室诊治范围的，应当将患者引导到相应的科室，并让患者随身携带基础性资料，不能有任何拒绝和推诿行为。

（2）首诊诊治　首诊医师需要对接诊患者施以正确恰当的诊治行为：首先，需要严格按照正常的医疗程序完成对患者的病史采集、体格检查、辅助检查并做好病历记录。其次，对于诊断明确的患者按照诊疗规范给予及时治疗，处方清楚、医嘱明确、方案合理。最后，对于需要留院观察和收治入院的患者，应当向患者或家属告知清楚如何办理好门诊和住院之间的交接手续。

（3）急诊首诊　对于急诊患者，分诊人员应根据患者的病情进行分诊，接收科室不能以任何理由拒绝患者；对于急危重症患者，应当先进行抢救，再履行挂号等手续；在上级医师未到来之前，主管医师应当施以先期的基础性抢救措施。总之，急诊患者的病情特殊，病情表现险恶，应当给予及时救治，最忌讳的是用各种理由拖延并贻误最佳救治时间点。

（4）首诊救治　患者离开首诊科室但还未离开医院之前由于病情急剧变化而引起危急病情，首诊科室和首诊医师必须首先到场牵头负责进行救治，如果需要其他科室进行会诊，则由其牵头启动会诊程序，待结果明确之后由其进行后续的处理。在这一过程中，首诊科室和首诊医师不得以任何理由进行推诿。

（5）首诊抢救　首诊医师对遇到需要抢救的危重急难患者的处理规定：首诊医师应当做好前期的基础准备工作，包括患者病史采集、体格检查、辅助检查、病历记录、药物器械准备等，将这些基础资料报告给医疗组或者上级医师（或科主任），并亲自参加抢救。

（6）首诊会诊　对于病情危重、多病种复合情形的患者，在还没有明确主要救治科室之前，一律由首诊科室和首诊医师负责实施必要的抢救措施，并同时启动会诊制度，由首诊科室和首诊医师牵头邀请相关科室医师会诊或协同抢救；待患者的病情诊断明确之后再实施正确的处理方式，如继续留治首诊科室、转往其他科室、收治入院等。如果还需要进一步调动其他的医疗资源参与救治，则可以通知医院的综合协调部门予以协助（包括会请院外专家等）。

（7）首诊转院　根据病情患者需要转往其他医疗机构时，

由首诊科室的医师提请转院，报告医务科，并与拟转往的医院联系妥当，同时落实好转接过程的陪护工作（包括病情记录的完整移交、陪护人员的护送、交接手续办理等）。

一般而言，急诊一线医师无权将患者擅自转院，但在以下情形下可实施：一是患者及其家属要求转院的，履行好签字手续；二是患者生命体征平稳，在转院的过程中不会出现危及生命的潜在风险，并经过上级医师签字同意的；三是本院没有处理能力，且接收医院已经做好接诊准备，并经过主管医师签字同意的。

（8）首诊交班　如果患者病情危重，接班医师必须与首诊医师进行现场或床头交接，只有当接班医师全面准确掌握患者的病情信息后首诊医师才能离开，接班医师则按照新首诊医师的标准要求实施相关的医疗行为。

（9）首诊 MDT 诊疗模式　当患者病情复杂且疑难时，首诊医师首先应当积极进行基础性救治，并做好相关的基础工作；其次，及时启动多科室会诊、联合救治制度，直接通知相关科室医师或者通过医院的医务科或总值班人员调集医师予以救治；最后，根据明确的诊断结论将患者送入相应科室进行进一步诊治，对于病因仍然不明的患者则根据主要临床表现确定收治科室，所有这一切均由首诊医师负责到底，不得推诿。

（10）首诊突发事件　首诊医师对于群发性事件或者批量患者的处理规定：对于数量众多的患者，首诊医师是无法单独进行处理的，此时首先需要执行的是报告制度，将相关情况报告给医院的医务科或总值班人员，以助集结全院的医疗资源参与。与此同时，首诊医师应当积极参与医疗处置行为，协调好各方面的关系，及时报告新情况和新问题，执行总体一致医疗方案等。

108. 对于伪造病历法庭怎么推定责任？

【案例】2015年9月25日患者冯某因“牙痛”到被告A医院输液治疗。9月28日凌晨出现恶心、呕吐、胸闷、难受、发热、出汗等至被告A医院治疗，无好转。9月29日约6时10分出现大汗、胸闷、难受、胸痛加重等，之后至被告B医院就诊。急诊心电图示：急性高侧壁、前壁心肌梗死。以“冠心病动脉粥样硬化性心脏病；急性心肌梗死；急性左心衰；心功能Ⅳ级”于2015年9月29日8时42分收住院治疗；9时29日9时30分急诊行“冠状动脉造影术+IABP植入术”，术后予以对症支持治疗，患者病情逐渐恶化于9月30日抢救无效死亡。患者家属认为，患者死亡与两个医院的医疗行为不当有关，故诉至法院。

经查，2015年11月6日，患者家属要求被告A医院提供患者的病历，A医院回复无患者病历。2015年11月21日，被告A医院向公安机关提供了患者2015年9月25日、9月28日的留观病历。后患者家属又多次要求被告A医院提供病历，均回复没有病历。双方为此产生纠纷，被告A医院认可只有患者2015年9月28日的病历，无2015年9月25日及9月26日的病历。诉讼过程中，法院委托某鉴定机构对被告A医院的医疗行为进行鉴定，后因患方以被告 A 医院提供的病历系伪造为由要求鉴定机构终止鉴定。之后患方申请对被告 B 医院的医疗行为进行鉴定，鉴定机构认为：根据患者的病历资料及病史，其死亡原因符合冠状动脉粥样硬化性心脏病急性心肌梗死导致的循环呼吸衰竭死亡。被告 B 医院对患者的诊疗行为中存在过错，属次要因素。

法院认为，本案争议焦点一是被告 B 医院如何承担赔偿责任；二是被告 A 医院是否伪造病历，如何承担赔偿责任。根据《中华人民共和国侵权责任法》第五十四条之规定，本案中，双方对鉴定意见书均无异议，法院以此作为本案定责的依据。根据鉴定分析意见，患者冠心病心肌梗死系其死亡原因，被告 B 医院对患者的诊疗行为中存在过错，属次要因素。被告 B 医院应根据其过错程度，承担相应的赔偿责任。庭审中，被告 B 医院表示愿意对患者死亡造成的合理损失承担 30% 的赔偿责任，法院予以确认。患者家属第一次到被告 A 医院要求查阅病历时，回复无病历。后被告 A 医院单方向公安机关提供了患者在 2015 年 9 月 25 日及 9 月 28 日的留观病历。之后，患者家属又多次要求被告 A 医院提供病历，该医院回复无病历。双方发生纠纷后，当地卫生和计划生育局进行调查，被告 A 医院陈述只有患者 2015 年 9 月 28 日病历。被告 A 医院关于是否有患者病历的陈述前后多次矛盾，不能作出合理解释。故本院认定被告 A 医院构成伪造病历资料。

根据《民法典》第一千二百二十二条第三项之规定，法院推定被告A医院有过错。此时，由医疗机构举证证明其不存在过错以获得免责。被告A医院未提交证据证明，应承担举证不利的后果。根据鉴定意见书结论，被告B医院诊疗行为有过错承担次要责任，患者冠心病心肌梗死系其死亡原因。故患者死亡产生的损失应由被告B医院承担次要责任，患者本人承担主要责任。又因被告A医院伪造病历，推定过错，对全部损失承担全部赔偿责任。而其与被告B医院之间无共同故意，系分别实施了侵权行为，各自应承担相应的责任。法院根据被告A医院和被告B医院的过错程度、本案具体情况及被告B医院自愿承担患者损失的30%的赔偿责任等因素综合考虑，确定被告A医院承担70%的赔偿责任，被告B医院承担30%的赔偿责任。综上，两家医院分别赔偿患方326 412.20元和139 890.94元。

109. 医疗纠纷显露期怎么处理?

医疗纠纷显露期的表现和特点：患者及其家属在态度上对医护人员的尊重度降低，态度冷淡，面带愠色，客气语言消失；语言上显露出一些疑问或不满，不正面回答医务人员的问话，或者反复询问或质问一些他们所关注的问题；行为上对医护人员的一些操作、检查、治疗表现出怀疑和不信任；超乎寻常的关注与警惕；记录医护人员的诊治情况，千方百计获得患者有关资料（翻阅、摘录或要求复印病历，极个别的可能将病历窃走），对医护人员的一些技术操作可能进行阻挠和干扰，在病区或其他场合向其他患者散布不满情绪，对医护人员的工作挑剔。如果使用隐蔽性录音和录像，则可以确定地说患者和家属已经在收集引发纠纷的证据，一旦治疗效果不好或出现患者死亡，那么医疗纠纷将不可避免。

医务人员要充分掌握和运用新的医学模式，密切注意患者及家属心理和情绪变化，发挥医疗主导的可干预能动性。从许多医院的成功实践经验看，早发现、早干预、早处理，能使绝大部分医疗纠纷得到控制。处于萌芽状态的情绪变化，相对容易解决，同时患者的医疗尚未终结，也没有医疗损害的发生，应该说是医疗纠纷干预的最佳时机，干预的力度是影响医疗纠纷向正反两个不同方向转化的关键。

（1）科主任应具有主动掌控风险的意识和能力　建立融洽的医患关系，打好感情基础，医疗服务使患者满意。改变传统机械的服务模式，设计和完善更人性化的服务流程。科主任是直接干预的领导者、医疗风险的控制者，应当力争从微小情绪变化中尽早发现苗头。医院应把风险控制能力作为一个考核和任用科主任的重要指标。

（2）医护人员应保持敏感、及早干预　患方对医疗护理工作出现怀疑态度时，往往对许多情况还不十分清楚，没有形成明确的认识和要求，只是在做着资料搜集或咨询工作。在此阶段，也会有一些迹象可以被察觉，医护人员应当在每日的查房等诊疗活动中与患者及家属进行沟通，保持敏感，如果发现患者或家属产生了不满情绪，应及早了解情况，及早干预。早期认真做好疏导解释工作，还是有很大希望能够将患者引导到正确的思路上来，达到避免医疗纠纷的目的。

（3）医护人员耐心做好有效的交流和沟通　对于患者或家属明确提出的异议，医护人员应依法接受患者对医疗服务的监督、投诉，并应当通过有效的交流和沟通来打消患者的疑虑和不满，特别是患方的误解。融洽交流沟通气氛，不刺激、不激惹。患方对医疗、护理、管理、服务态度不满意，对费用、检查目的不理解，对治疗有疑问，对疗效不满意等，都要认真记录，具体分析，弄清事由，耐心解释，直到取得患者及家属的理解或者谅解。

（4）发生纠纷积极应对　医疗纠纷已经发生，应由科主任直接组织干预，并向医疗纠纷管理部门报告，科室其他人员协助配合，但不要擅自与患方进行沟通，甚至随意说一些不负责任的话；同时警惕心怀不轨、试图转嫁危机的情况，不让患方有可乘之机，有漏洞可钻；明确与患方直接对话的责任人，积极应对，及时了解患方意向，形成我方的解决思路，直至纠纷得到彻底解决。

负责医疗服务质量监控的部门或者医患办工作人员接到科室报告或患者投诉后，应当及时联系责任科室，立即进行调查、核实，必要时要将有关情况如实向医院负责人报告，并向患者反馈、解释。

（5）关注重点患者　关注低收入阶层的患者，自费患者，孤寡老人或虽有子女但家庭不睦的患者，在与医务人员接触中已有不满情绪的患者，预后不佳或难以预料的患者，对治疗期望值过高的患者，交代病情过程中表示难以理解的患者，情绪偏激者，发生院内感染的患者，住院预交押金不足的患者，已欠费的患者，需使用贵重自费药品或材料的患者，发生交通事故有可能推诿责任者，经他人或熟人介绍的患者，患者或家属具有一定医学知识者，艾滋病患者等。

以上这些类型的患者都应设定为医疗纠纷重点患者。医务人员一旦接诊这些类型的患者，都应明白他们是发生医疗纠纷可能性较高的人群，要对这样的患者重视起来，进行重点管理、重点沟通，必要时要在科内进行讨论，争取把医疗纠纷消灭在萌芽状态。

面对重点患者，要采取特殊的重点管理模式。①进行特殊检查、治疗一定要签署知情同意书。②强化告知，增进医患沟通。现实中，缺乏有效沟通是导致医疗纠纷的一大原因，而影响医患沟通的关键因素主要是时间问题。面对重点患者，医务人员应当尽量抽出足够的时间与患者进行沟通，包括当前的诊疗方案、患者目前的病情、服用的药物、接下来要采取的诊疗措施等，让患者建立认同感，让其有参与感。告知的对象应首选患者本人，当患者处于昏迷状态、患有精神病、未成年、需要进行保护性医疗的，则可告知其近亲属。若无家属陪同又必须进行紧急处置的，应当告知医院负责人，并做好记录工作。③提高病历书写质量，及时、如实记录各项诊疗行为及患者对医疗告知的反馈。

110. 患者不遵守医嘱怎么办？

【案例】老张被某公司车辆撞伤，被诊断为“左股骨粉碎型骨折”，医院给予左股骨粉碎性骨折切开复位内固定术及抗炎、对症治疗，手术后软组织损伤及手术切口愈合良好。老张未按照医生要求保持固定，认为早活动利于恢复就进行功能锻炼。可此后不久，手术植入体内的固定钢板上螺钉松动、断裂，老张又第二次住院手术治疗，并将某公司和医院双双告上法庭。审理时老张承认，在恢复期间确实违反医嘱进行功能锻炼，法院将内固定物送某鉴定机构进行鉴定，鉴定结果为质量合格。此外法院委托的鉴定机构认为医院的诊疗过程不存在过失。法院认为最后的损害后果因事故肇事而起，老张违反医嘱加重了损害后果，也应当承担一定的责任。最后法院判定某公司承担了部分赔偿责任，医院不承担赔偿责任。

（1）医嘱的重要性　正确制定和执行医嘱是获取有效疗效的前提条件，而医嘱的执行往往需要患者的配合。现实中，不遵守医嘱的情况经常可以见到，原因也多种多样，有不信任医师、怕药物毒副作用、怕成瘾、自觉病情好转，不愿再服药或少服药的；也有急于求成，滥用、多用药物的；也有久病成医，自以为是，我行我素的。如此不遵守医嘱，轻者影响疗效，重者可能会导致病情恶化，甚至威胁生命。这就要求医务人员耐心说明医嘱的用意，教育患者并且经常督促检查医嘱执行情况。

（2）有效沟通　医师下医嘱不但是按照要求准确书写医疗

文件，还是与患者讨论达成一致意见的诊疗步骤，一般情况下治疗方案要取得患者的同意，这是对患者决定权的尊重，前提是要与患者进行有效的沟通，让患者了解、理解治疗方案的意义和道理，这样才能自觉地遵守医嘱，达到治疗的效果和目的。

（3）拒绝执行符合规范的医嘱要签字　一些特别重要的、如果不遵守可能导致不良后果的医嘱，患者如果不愿意遵守，可以让其签字确认，这样做不仅能增强患者的重视程度，敦促其遵守医嘱，而且对医生来说，也保留了一份有效的证据，避免发生纠纷时出现举证不能的问题。

111. 医生固执怎么也会导致承担责任?

【案例】患者李某，女，47 岁，2012 年 4 月 27 日因“颈部肿物”到某医院就诊，普外科门诊诊断为“右淋巴结炎”。医生开具盐酸克林霉素及奥硝唑输液抗感染治疗，输液过程中患者出现头晕、乏力、皮肤发痒等不适感觉，无明显皮疹，要求换药，医生未予停药，仍继续坚持用药 6 天，患者症状逐渐加重，后被诊断为过敏性皮炎，并有肝功能损害、急性肾损害。患者转院住院治疗 17 天，出院后一直感觉身体虚弱。后患者诉至法院，经审理认定医方在治疗过程中在患者已经提出不良反应后未尽高度注意义务，坚持继续使用药物，导致患者出现严重不良反应住院，存在过错。经法庭调解医方给予患方 2000 元赔偿。

本案医疗过错的主观因素是过于自信，对患者反映的病情变化没有给予高度注意，没有细致诊察病情，而是一味自信（固执）地实施自己原定的治疗方案，给患者造成人身损害，存在严重不负责任的情况。本例是经转院治疗病情缓解、没有造成大的医疗损害，如果损害后果严重或者患者死亡，医生将会被追究刑事责任。

112. 怎样杜绝护理差错和事故发生？

护理差错是指医疗机构护士在医疗活动中，违反医疗卫生法律、行政法规、部门规章制度和护理操作规范，导致错误发生，但没有造成患者人身损害的称为差错。若造成患者死亡、残疾、组织器官损伤，导致功能障碍等严重不良后果者则构成医疗事故。

（1）常见的护理差错、事故的范围和原因　常见的护理差错、事故有：①用药错误、输液输血错误；②压疮、跌倒、坠床、管路滑脱；③忘记药物皮试；④不按时巡视病房、病情观察不细致；⑤操作不规范导致的院内感染；⑥延误病情报告等。

发生护理差错、事故的原因各种各样，例如：未认真落实各项护理规章制度，如护理查对制度等；思想上麻痹大意，存在侥幸心理，凭印象感觉和思维惯性去工作；管理松懈，检查不严，督导不利；护理人员缺乏相关法律、法规知识，不知道如何保护自己；一线护理人员紧缺，导致护士精力不充沛，体力跟不上，也容易发生差错或事故。有关资料分析表明：护士超负荷工作，每增加一个患者工作量时，患者安全的风险增加7%，护士的疲惫感增加23%。另外，部分护士的知识水平与实际工作需要不匹配，不能胜任新的医学模式的工作要求，有时不能及时发现问题，出现问题又不知道怎样处理等。

（2）怎样避免护理差错和事故

①责任心是对执业护士的基本要求。对护士要加强教育，经常提醒护士加强责任心，强化责任意识，使其清醒地认识到护理是一份高风险的工作。护士做的每一项工作都关系着患者的安危，因此需要高度的责任心，一定要把责任心贯穿到分级护理、巡视病房、护理操作等全部的日常护理工作中。

②规范操作才能避免差错。护士要在思想上高度重视，不能心存侥幸，要认真执行各项规章制度、诊疗规范和操作要求，如查对制度、交接班制度、查房制度等。临床所有的医疗差错和事故均是违反医疗操作规范导致的，换句话说，只要按照医疗规范进行医疗行为就不会出现差错和事故。

③注意薄弱环节的检查和督导。管理者应加强风险意识，关口前移，发现问题及时指出。分析原因，加以纠正，制定防范措施，加强环节质量管理。医疗不良事件或医疗事故是由一连串的失误所造成的（乳酪理论），管理者应重视这一理论并应用到管理工作中。护理管理人员要适时指导、确定护理风险高危人群、高危环节、高危时段等高危因素，并做好布置和监控。

④依法保护患者和己方人员。管理者应加强宣传教育工作，使护士知法、懂法、守法，违反法律法规、规章制度、诊疗规

范的事不做，学会保护患者，保护自己。保证护理工作质量的前提是保证足够的护理人员数量，有人才能干事，同时管理者应当关心体贴护士，缓解护士工作中的压力，做到奖罚分明，使护士们在良好的工作环境中愉快工作。

⑤加强业务学习与培训。开展各种护理培训，外送护理骨干培训进修，鼓励护士自觉学习、提升学历，使知识水平与临床需要相匹配，有了丰富的知识和高超的操作技能，才能更好地服务患者。

⑥认真做好护理记录，保留法律证据。护理记录是患者可以复印的一种医疗文书，具有法律效力。因此要求记录内容一定要客观、真实，不要主观臆断，以免和医生意见相冲突，引起不必要的医疗纠纷。

113. 与手术有关的医疗过错有哪些？

（1）术前过错导致的医疗纠纷　①术前检查不充分。如术前遗漏患者已存在的内科疾病，但该疾病引发了患者术中、术后并发症甚至是导致其死亡的主要原因。②术前准备不充分。如术前备血不足，术中大出血急需输血却找不到同型血，导致不良后果。③术前手术适应证评估不足，未排除手术禁忌证。如糖尿病患者未严格控制血糖，导致术后伤口经久不愈、感染等。

（2）术中过错导致的医疗纠纷　①术中违反手术操作原则、违规操作。如术中操作粗暴，损伤脏器或血管等，造成大出血或遗留器官功能障碍；行甲状腺手术时操作不当误伤喉返神经。②手术室制度不健全。如术中未按照相关制度清点器械，导致术后遗留纱布、止血钳等异物在患者体内。③错开手术部位。如误读影像学资料，将左侧病变误以为右侧病变，从而将患者健康的器官摘除。

（3）术后过错导致的医疗纠纷　①术后病情监测不仔细。如术后观察不仔细，未发现患者内出血，致使患者休克、死亡。②术后伤口无菌换药等处理不符合常规，导致伤口感染迁延不愈。③出院医嘱告知不充分，导致患者出院后出现相关不适时未能及时就医，延误诊疗，出现了相应的损害后果。

114. 麻醉方面的医疗过错有哪些？

（1）局部麻醉　局部麻醉简称局麻，是各科手术治疗采用最多的一种简单易行的麻醉方式。局麻一般比较安全可靠。最常见的局麻过错在于注射麻醉过程中麻醉用药量过大、药物浓度过高、药物误入血管内等因素造成的医疗过失。另外，除了注射用药麻醉以外，还有非注射的局麻方法，即表面麻醉。表面麻醉应注意针对接触面积调整药液浓度，接触面积大者，药液浓度宜低，并要掌握分次用药的原则，切忌将表面麻醉药误当作注射用麻醉药。

（2）椎管内阻滞麻醉　椎管内阻滞麻醉可依据药液所达到的解剖部位与所作用的神经结构，区分为蛛网膜下腔脊神经根传导阻滞与硬膜外传导阻滞两大类。近年来临床上最常用的是硬膜外麻醉，因其较蛛网膜下腔麻醉更加安全可靠。最常见的椎管内阻滞麻醉引发的医疗过错见于：注入药量过大发生高平面阻滞；操作不当造成脊椎麻醉；操作中断针、断管；操作中未遵守无菌操作原则；椎管内麻醉存在禁忌证；不熟悉解剖结构导致麻醉平面错误等。

（3）全身麻醉　①全麻用药量过大，麻醉过深，造成不可逆性的死亡。②术后患者复苏不完全，呕吐物吸入气管引起窒息。③麻醉操作过程中误接插管、麻醉机活瓣失灵等。④静脉麻醉误入动脉内导致肢体坏死。⑤吸入性麻醉药物灼伤患者上呼吸道、眼睛等。

115. 与化验检查有关的医疗过错有哪些?

化验检查结果是医生的“宝贵参考”，医生们在诊治患者时需要依靠化验结果。这些结果不仅能告诉医生们该怎么治疗，也是患者康复进程的“晴雨表”。可以说，在现代医疗过程中，化验检查不可忽视的重要环节。

可是有些化验工作人员似乎对自己的工作缺乏“眼界”，简直就是闭着眼做事。他们操作时犯一个个小错误，化验结果简直就是“误差之王”！有时候居然会随便填写报告单，搞出一堆假报告来，这让医生们误诊、误治不断。还有些家伙在化验时，“规则”二字变成了外星语，他们随性地简化操作步骤，丝毫不考虑后果。更甚者，他们配制试剂竟然无视标准，不换过期的试剂，这可真是让化验效果“乌龙”连连，医生们只能根据错误的报告来进行荒谬治疗。如果这样造成了严重的后果，那医疗机构肯定得“买单”。

还有一部分化验人员就像是在玩“填空游戏”，他们大意疏忽地填写报告单，简直是“张冠李戴”的高手。完全没有核对的概念，就是一拍脑袋发出报告。更离谱的是，有的化验人员工作时不负责任，居然丢失化验标本、随意处理污染的标本，甚至把未经化验的标本交叉。这简直就像给自己找麻烦。特别是在急危重症患者需要紧急化验时，这些化验人员以各种理由拒绝接受标本化验，推来推去，搪塞借口，结果就会耽误宝贵的抢救时机；还有些调皮的家伙竟然因为一时粗心，填错化验结果。在夜间或节假日期间，化验室都找不到相关化验人员，需要紧急化验的患者就更加倒霉了，他们的化验就会被耽误，诊疗也顾不上了。

如果医疗机构因为这些原因导致了不良后果，那他们肯定得“承担责任”。毕竟，治疗可是一项严肃而重要的工作，不能随便开玩笑。

116. 与用药有关的医疗过错有哪些？

（1）用药原则错误　医务人员医学基础知识差，医疗技术水平低，导致用药时违反用药适应证，引发损害后果。如妇产科接产过程中，在宫口未开全时使用麦角新碱注射液，造成子宫破裂；高血压患者错用肾上腺素及血管强收缩剂，导致脑血管破裂；呼吸衰竭患者错用吗啡等镇静剂，造成呼吸停止等。

（2）用药剂量错误　①用药剂量过小，不能达到治疗效果，延误病情，如心力衰竭患者，用药剂量过小未能纠正心衰，导致死亡。②用药剂量过大，产生不良后果。最常见于小儿科用药，儿童用药时应根据体重按比例用药，有的医师嫌麻烦不计算而直接估计用药剂量，或盲目将成人用药剂量适用于儿童。③使用激素类药物的，特别是长期使用者，骤然停药引发损害后果。如一例类风湿关节炎患者，长期口服肾上腺皮质激素，因突然停药，1 周后发生肾上腺皮质功能衰竭危象。④使用某种有毒或副作用的药物过久，造成不良后果。如长期使用链霉素引起中毒性神经性耳聋。

（3）错用药物　常见于将药品外形相似，然而性状和作用完全不同的药物错用导致不良后果；或药房取药者看错处方，错给药物。这明显是医务人员缺乏责任心的问题。一旦错用药物对患者造成损害，必然将引发医疗纠纷，医务人员对此多会承担全部责任。

（4）使用过期失效药品　多因医疗机构不考虑患者的利益，仅考虑医院经济效益，或药房工作失职行为造成。只要因使用过期失效药品给患者造成损害的，医疗机构对此均应承担全部责任。

117. 医务人员在用药过程中应注意什么？

（1）明确诊断，严格掌握用药适应证　这是用药的先决条件。如确因诊断一时难以明确，须分清主次，严格按照规范经验性用药。

（2）详细询问病史　尤其对患者的药物反应史应做详细了解，有过敏史者尽量避免使用。

（3）必须掌握所用药物的适应证、禁忌证、可能产生的不良反应、最大用药剂量等　一般情况下，应在药物说明书范围内用药，超说明书用药时需有明确依据并谨慎用药。同时使用两种或两种以上药物的，应注意相互作用和配伍禁忌。对于常规要求进行过敏试验的药物或者发生过敏概率较大的药物，需进行药物过敏试验。

（4）对某些可能引起器官功能损害的药物，应特别注意观察　如抗癌药物、氯霉素等有骨髓抑制作用的药物，卡那霉素、汞剂等有肾脏毒性作用的药物等。

（5）用药应有计划　根据病情决定用药剂量及疗程，并随时进行必要检查。

（6）密切关注患者用药后反应　如出现发热、皮疹、皮肤瘙痒等要考虑停止用药并做相应处理。如必须继续用药或日后须再次用药，必须十分谨慎。

（7）注重告知　对于一些毒副作用较大，或可能产生较严重不良后果的药物，用药前应告知并获得患者的知情同意，在病历中能够体现告知内容并获得患者的签字认可。

118. 放射影像诊断中常见的医疗过错有哪些？

（1）在 X 线片诊断工作中，不负责任，不了解病情，不详细分析病情，主观臆断，本人无经验又不请示上级医师，对患者造成误诊，从而误治及延误诊疗造成相应损害后果。

（2）本来不存在病变却诊断为疾病，或将良性病变诊断为恶性病变，从而引起不良后果。这方面的过错常因影像科医务人员专业水平不足造成。也有些参加工作不久、临床经验较少的医师，直接以放射科文字诊断报告单作为疾病诊断依据而不考虑患者病情特点，造成误诊误治。

（3）对钡餐造影患者错用造影剂引起不良后果。

（4）影像科诊断人员工作中不认真核对影像片片号或将左右位置弄错，装错片袋，出错报告，造成误诊误治。

（5）对机器设备不检查、不定期维修，机器漏电，电伤或电死患者；违反放射科技术操作规程，违反关于放射线诊断、治疗、防护的有关规定，对患者超剂量进行放射治疗，导致患者发生损害。

（6）违反放射治疗规定，造成患者骨髓造血功能障碍，白细胞、血小板数目减少，有严重出血倾向等后果。

（7）有的工作人员粗心大意，任意扩大放射治疗面积或弄错病变部位，如左侧肺癌却对右肺放射治疗，造成健侧肺放射性纤维变、放射性肺炎等严重后果。

（8）对放射性物质管理、处理不当，形成对周围居住人群的潜在威胁，这是医疗机构管理人员失职造成的后果。

119. 妇科手术常见的医疗过失有哪些?

（1）腹部手术引起的损伤　①腹膜切开时，容易将粘连于腹膜上的肠管切破。②切开腹膜时，操作粗暴损伤膀胱，尤其在膀胱未排空时更易发生上述情况。③行子宫及附件切除过程中，遇到肠管或膀胱粘连于病变脏器时，分离时操作粗暴导致损伤肠管或膀胱。④行全子宫切除术时，对解剖层次不熟悉而损伤膀胱。⑤处理骨盆漏斗韧带、子宫动脉、主韧带，分离输尿管隧道，或缝合后腹膜时，因疏忽可能损伤或切断输尿管。⑥在钳夹或止血缝扎过程中盲目操作，尤其在输尿管走行处出血时或输尿管异位时，容易损伤输尿管。⑦腹式输卵管结扎时，用钩或卵圆钳寻找输卵管时操作不当，导致肠管受损。

（2）人工流产、取放环或诊刮时引起的损伤　①宫腔手术过程中，未查清子宫大小、位置及宫颈口松紧情况等，盲目操作导致子宫穿孔。②绝经期、哺乳期妇女的雌激素较低，子宫肌萎缩发脆，易发生穿孔。③葡萄胎、绒毛膜上皮癌、宫体腺癌、子宫体病变等手术也易导致穿孔。④穿孔后如未发现，继续盲目操作，可进一步损伤肠管或其他器官。

综上，上述妇科手术操作引发的医疗纠纷多数为医生责任心不强、操作粗暴欠规范、对解剖结构不熟悉等导致，医疗机构应对医务人员的专业技术水平及责任心问题予以高度重视，完善相应的规章制度及操作规程，以尽量避免上述问题的发生。

120. 误诊误治，医院是否必然存在过错？

误诊，即诊断错误，正确的治疗首先取决于正确的诊断，误诊必会导致误治。在鉴定实践过程中，因误诊引起的医疗纠纷较为常见。从患者角度来讲，得到错误的诊断及治疗，必然应属于医疗机构过错。但是从司法鉴定的技术层面来讲，并非所有的误诊均可归因于医院存在过错。

医疗纠纷司法鉴定的思维模式首选临床思维，即站在一个当事医生的角度来评价整个医疗行为。鉴定过程中应根据患者就诊时的临床症状、体征，依据相关临床诊疗指南及规范，推断当时的情况应初步考虑诊断为什么疾病、应如何治疗、应做哪些检查等，若医务人员在诊疗过程中均按照规范进行，即使存在误诊误治，亦不应认定其存在过错。例如：患者贾某，因颈部疼痛伴肩部放射痛就诊于某中医院推拿科门诊，骨科予以颈部 MR 检查后初步诊断为颈椎间盘突出，另外，院方亦开具了心电图等检查单，结果回报正常，院方予推拿理疗等治疗，并嘱不适随诊，但患者离院后一小时突然倒地死亡，经尸检证实其死亡原因为致心律失常性右室心肌病（ARVC）。鉴定过程中，我们认为患者临床表现符合颈椎间盘突出的典型特征，又因心电图正常，推拿科医生未考虑心脏疾患可以理解，患者就诊时间短，病情进展迅速，且该病猝死概率较高，故不予认定医院存在过错。

认定医院误诊存在过错，一般从三个方面考虑：第一，是否为责任性误诊，医生诊断过程中是否存在疏忽大意、不负责任等情况，如采集病史不全、查体或检查不全面、缺乏鉴别诊断等；第二，是否为技术性误诊，是否因医生专业水平低下，如错读影像学片，诊断与临床症状不符等；第三，存在明确的损害后果。

121. 猝死引发的医疗纠纷医院是否承担责任?

猝死，是看似健康的人由于机体潜在的疾病或重要器官急性功能障碍导致的意外的突然死亡。

（1）猝死具备以下三个特征　①死亡的急骤性。关于猝死发生的经过时限，世界卫生组织规定从其发生到死亡的时间已由 20 世纪 70 年代的 24 小时，到 1976 年的 6 小时，到如今限定为小于 1 小时，这一标准已被大多数学者接受。②死亡的意外性。死者生前并未感知有生命危险，客观体征亦未显示危重，死亡结果的发生让人意外。③疾病的潜在性。死者生前无明显异常体征，但通常存在潜在性疾病，一般须通过尸体解剖证实。

因为猝死的上述三个特点，导致家属对于死者猝死的发生难以接受，通常会怀疑死亡是由医务人员诊疗不当引起，这是引发医疗纠纷的常见原因之一。但从医疗纠纷鉴定的角度来讲，因猝死难以预料，病情进展迅速，死亡的发生是患者自身疾病的特殊性所致，死亡与医务人员不存在直接因果关系，医院一般不承担直接责任，不判定医院存在全部或主要责任。

（2）临床上常见的猝死原因　①心血管疾病导致的猝死。最常见的原因为冠状动脉疾病，特别是冠状动脉粥样硬化性心脏病。其他如冠状动脉口狭窄、主动脉瘤、主动脉夹层、病毒性心肌炎、心肌病等也是常见的猝死原因。②中枢神经系统疾病导致的猝死。最常见的是脑血管疾病，如脑出血、脑梗死等。③呼吸系统疾病导致的猝死，如急性喉梗阻、肺气肿、气胸、肺炎、支气管哮喘等。④消化系统疾病导致的猝死。常见于消化道出血、急性出血性坏死性胰腺炎、急性胃扩张及胃破裂等。⑤泌尿生殖系统疾病导致的猝死，如异位妊娠、妊娠高血压综合征、羊水栓塞等。⑥内分泌系统疾病导致的猝死，如糖尿病、低血糖症等。另外还有其他猝死类型，如青壮年猝死综合征、婴儿猝死综合征等。医务人员在诊疗过程应予注意，有些猝死虽然难以避免，但是若早期发现疾病并积极治疗，常可推迟猝死的发生甚至能在一定程度上挽救患者生命。

122. 如何防范术前准备失误导致的医疗过错?

（1）术前准备的总要求　手术前准备的总要求是根据患者的具体情况，进行充分的术前检查和术前处置，使患者尽可能在良好的状态下接受手术。

（2）采集病史和体格检查　要作出正确的诊断，并提高患者对手术的耐受力，必须对患者的全身情况有足够的了解。因此全面系统地采集病史和认真仔细的体格检查是十分必要的。不仅要注意外科局部情况，更要注重患者的全身情况，以便发现影响手术耐受力的其他病变。如充血性心力衰竭，一般是手术的禁忌证；有出血倾向者应予积极纠治。

（3）常规化验检查及其他检查　除体表肿块切除等小手术之外，手术前常规检查都应做血、尿、便常规检查，以及出血时间与凝血时间等检查。如要施行中、大型手术，可酌情做以下检查：血小板计数、血沉、血型、肝肾功能、电解质、胸部X 线片、心电图等。即术前所进行的检查应严格按照相关临床路径要求来做。

（4）正确估计手术耐受能力　正确评估患者的手术耐受力，正确进行麻醉 ASA 分级评估。

（5）掌握恰当的手术时机　明确患者所行手术属急诊手术还是择期手术。有些疾病应在改善受累脏器功能状况后再进行手术，如高血压、糖尿病等，应予适当纠正后再进行手术，切勿盲目着急手术

（6）补充血容量和纠正水、电解质失衡　失血患者在手术前，应根据病情适当输血和输液，水、电解质失衡患者应予纠正后再进行手术。

（7）注重术前讨论　对大型、疑难或首次开展的手术，应进行术前讨论，以便对术前诊断、麻醉选择、手术方式、术中

可能发生的情况及术后注意事项进行分析，提出相应对策，减少诊治失误。

123. 如何防范术后处理失误导致的医疗纠纷？

（1）加强对重病或有特殊病史患者的监护　对危重患者进行术后重症监护，可以早期发现心肺等器官的异常变化并及时采取相应措施以防止严重并发症的发生。特别适用于大手术后有休克或休克倾向，有严重的心、肺疾病，肝、肾功能不全，老年或过度肥胖的患者。此外，对有特殊病史、术后易发生意外者，亦应加强观察或监护。

（2）引流管的正确使用

1）腹腔引流管。常用腹腔引流有三种：①烟卷引流，一般用于渗液较少者。常可因皮肤或筋膜缝合过紧影响引流，此时须拆除 1 ～ 2 针缝线，保证引流通畅。每日换药要转动引流条，防止其与周围组织粘连。②管状引流，多用于渗液多或稠厚，而且引流时间较长者。③双套引流，多用于大量渗液或漏液者，应经常进行检查和调整，以保证引流通畅、准确记录引流量。不管何种类型的引流管，要根据患者的病情确定拔除引流管的时间。

2）鼻胃管。鼻胃管应妥善固定，并与负压装置衔接，做持续性减压。负压吸引力一般以 5.3 ～ 10.7kPa 为宜，过大可造成胃出血。当吸出物很少，无明显腹胀，肠蠕动恢复，出现肛门排气、排便时可予拔除。

3）T 形管。胆道术后放置的 T 形管，除在术中应与皮肤缝线结扎固定外，回病房后应用胶布或安全别针将其固定在床褥上，导管固定后患者侧转时应无牵拉力并保证引流通畅。应在明确梗阻解除及经胆道镜等方法去除残留结石后再考虑拔管。胆道造影显示胆管正常，可于 3 日后拔除 T 形管。

（3）预防切口感染　预防切口感染主要应严格遵守无菌操作，注意手术操作技术，增强患者抗感染能力等。

（4）预防术后出血　术后大出血常见于术中血管结扎不牢；小动脉断端处于痉挛状态未被发现，术后血管舒张出血；渗血未完全控制等。预防措施主要是止血严格彻底，结扎可靠，关闭切口前要保证术野无任何出血点，必要时术中、术后应用止血剂。

（5）预防肺部并发症　术后严重并发症中，肺部是最常见也是最易受累的器官。其原因多见于术后因疼痛不敢咳嗽，活动减少，或应用镇静、镇痛药物剂量过大，不利于气管内分泌物引流，或见于麻醉中口腔分泌物或胃内容物误吸入气管，应加强预防。

124. 外科急症常见的医疗纠纷有何特点？

外科急症的特点与疾病本身和医生的工作性质有关。首先，急症通常是突然发生的，非常严重而痛苦，症状或体征很容易显示出来，而且大多发生在工作期间。即使是非创伤性的急症，也足以给患者和陪伴人员带来极度紧张的情绪。一些常见的问题如出血、骨折、断指等会让患者和家属难以承受。

（1）紧急程度中等时容易发生医疗纠纷　病情危重者，及时被抢救或转入病房，医生与患者接触的时间较短，相对不易发生纠纷。而对于病情轻微的患者，其紧张情绪较低，对医务人员的要求也不高，相对不易发生纠纷。而居于两者之间的情况下，患者会感到非常紧张，但医务人员并没有同样的紧张感，形成了安全意识上的明显差异，易发生医疗纠纷。

（2）有活动性出血时容易发生医疗纠纷　出血是导致患者心理紧张的重要因素。医务人员通常担心患者可能有内部出血，对外部出血并不十分紧张；然而，患者和陪同人员希望医务人员能立即处理外部出血。这种情况下容易给患者留下医生不负责任的印象。

（3）急诊工作现场秩序混乱时容易发生医疗纠纷　这种情况通常发生在交通事故或劳动伤害事故中，护送人员较多，容易引起人群聚集围观，有时会干扰医疗工作。

（4）需要留观时容易发生医疗纠纷　当需要留观时，患者及其家属面对“观察”的情况可能感到无措，会频繁地找医务人员。医务人员有自己的巡诊计划和观察重点，在某些情况下不能随叫随到，这容易引起患者的不满。

（5）接诊医务人员工作忙乱时容易发生医疗纠纷　医务人员自身焦虑，区分不出轻重缓急，做不到忙而不乱，甚至遇事便慌了神，手足无措，容易导致失去患者的信任。在工作中，医务人员不善于调整自己的情绪，暴露出个人情绪，甚至互相指责、大声争吵，容易导致患者的误解。

125. 如何预防外科急症工作中的医疗纠纷?

（1）医务人员要给患者及陪同人员安全感　医务人员的良好医德医风、丰富的理论和实践经验、熟练的工作方法和接诊技巧能够赋予患者及陪同人员以安全感。对于急诊患者，我们要有效地稳定其情绪，使其紧张的心理得到放松，从而迅速拉近医患之间的距离。同时，我们需要传播必要的医学常识，在沟通过程中有温度，表现出同理心，有助于树立威信，取得配合。患者较多和集中时，要注意整顿工作环境，从桌边接诊转为床边服务，积极解释，并减少围观，有助于保持医务人员自身的情绪稳定，给患者及家属以信任感。对于留观患者，要详细说明留观的目的和重点，并进行病情解释工作，以减少家属的不必要询问和担心，为自己创造一个轻松的工作环境。

（2）要善于发现纠纷的苗头，采取积极的措施化解矛盾　在诊疗活动过程中，要有意识地觉察患方的情绪，也要学会化解纠纷的技巧，防止患方意气用事，尽量争取患者及其家属的理解、同情和支持，避免事态扩大。有些纠纷发生突然，医务人员无充分的精神准备，这就需要医务人员注重接诊过程中的每个细节，使每项诊疗行为规范合理，从而在解决纠纷过程中避免承担过错责任。

（3）提高医务人员的心理素质和应变能力　对医务人员来说，工作繁重且紧张，接诊过程中有较多可变因素，除了良好的专业技术能力及实践经验外，医务人员过硬的心理素质和应变能力也是使工作有序进行并预防纠纷的重要因素。

126. 内科常见的医疗意外及并发症有哪些？

（1）内科最常见的医疗意外是由于注射各种药物引起的过敏反应。尽管某些药物在注射前按照操作规程进行了皮肤过敏反应试验，但仍有可能在试验结果阴性的情况下出现过敏反应。另外，有些药物并不需要常规进行皮肤过敏反应试验，但由于患者自身特殊体质，在用药后发生过敏反应，甚至导致死亡或其他严重不良后果，这些情况均被归类为医疗意外及并发症。

（2）某些内科疾病的诊断和治疗技术操作往往伴随着不同程度的危险性。例如，心脏插管、心脏起搏和电复律等操作可能导致心律失常、心跳停止、心力衰竭、静脉血栓形成、感染等并发症。例如运动试验，患者已经过仔细筛选，适宜做检查，在严格按照技术操作规程进行试验的情况下，仍然有可能发生心律失常、心搏骤停以及心力衰竭等医疗意外及并发症。

（3）某些内科危重疾病，虽然诊断明确、治疗及时，但仍可出现意外的病情变化，造成死亡或其他严重不良后果，这也属内科医疗意外及并发症。

在司法鉴定实践过程中，内科医疗意外及并发症引发医疗纠纷后，鉴定人主要审查医务人员诊疗过程中是否符合诊疗规范、是否尽到临床注意义务、是否尽到告知义务。若确属患者自身疾病特异性导致损害后果发生，则医院不存在医疗过错。

127. 妇产科常见的医疗意外及并发症有哪些？

（1）对于病情危重或有合并症需要紧急抢救的患者，虽经认真治疗、精心手术，仍在手术中发生死亡或遗留其他并发症等不良后果，属医疗意外及并发症。

（2）在助产中，观察产程认真、仔细，但由于产妇配合不好、会阴条件差、急于抢救胎儿或难产，发生会阴二度撕裂伤需常规修补，或发生耻骨联合分离等，属医疗意外及并发症。

（3）子宫原有病灶如感染性流产、稽留流产、瘢痕子宫、恶性葡萄胎、绒毛膜上皮癌、子宫体腺癌等，使得子宫易发生穿孔。即使按正确的技术操作规程进行刮宫仍发生子宫穿孔，属医疗意外及并发症。

（4）对于先天性畸形患者，由于解剖关系异常，在手术中可能导致脏器损伤。如果及时处理并没有不良后果发生，这属于医疗意外及并发症。

（5）当产妇病情危重，为了挽救母婴生命必须迅速结束分娩，进行剖宫产术、臀位牵引手术或器械助产等操作时，如果发生新生儿产伤或新生儿死亡，属于医疗意外及并发症。

（6）对于产妇极不合作的情况，例如妊娠合并精神分裂症，由于患者意识不清、举动躁狂、行为无法控制，导致子宫破裂或胎盘早剥，经抢救无效最终死亡，也属于医疗意外及并发症。

128. 儿科常见的医疗意外及并发症有哪些？

（1）小儿的腹部组织薄弱，容易发生术后肠瘘，若医疗机构及时发现并规范处理后，仍造成死亡或致残等，应属医疗意外及并发症。

（2）某些儿科疾病常常会出现难以预测的病情突变，以致短期内死亡，如肺结核或支气管扩张大咯血窒息死亡，心脏病患者心搏骤停以及其他不明原因的猝死。气管切开术后患儿发生大出血死亡，但手术方式选择正确等，均应属医疗意外及并发症。

（3）某些儿科疾病诊断、治疗操作过程中或其后，虽然医疗机构严格按照技术操作规程进行，正确掌握指征，并予以一定防范措施，但仍会有不同程度的危险发生，如进行各种注射和穿刺时，患儿突然停止呼吸和心跳；静脉输液发生静脉炎或静脉栓塞；气管切开时发生呼吸心跳停止等，均属医疗意外及并发症。

（4）新生儿宫内重度窒息，出生后 Apgar 评分较低，虽经医院积极给予机械通气、心肺复苏等抢救，仍未能避免患儿死亡或脑瘫的，应属医疗意外及并发症。

129. 麻醉过程中常见的意外及并发症有哪些？

（1）麻醉药物引起的过敏性休克，经及时抢救无效造成患者死亡的属麻醉意外。

（2）硬膜外麻醉按技术操作规程进行，注射药物后出现全脊椎麻醉者应属麻醉并发症。

（3）腰麻、椎管内阻滞麻醉实施过程中，按无菌技术及必要的消毒准备规范进行，术后仍出现感染的应属并发症。

（4）局麻时因患者精神紧张，发生晕针、虚脱、惊厥、癔症发作、高血压脑病等反应的，应属并发症。

（5）局麻实施过程中，按技术规程操作，但手术后仍引起局部化脓感染或神经损伤等，一般情况下也属医疗并发症。

（6）神经丛阻滞麻醉，造成局部血肿、误刺、气胸等，一般应视为医疗并发症。

（7）椎管内麻醉适用常规剂量的麻醉药，但导致麻醉平面过高或血压下降，只要技术操作正确，如针头方向准确，应属并发症。

（8）低温麻醉期间的心室纤颤，人工冬眠合剂使用后体表出现结节包块，低温复温期皮肤烫伤，中心静脉和肺动脉插管损伤等，一般应属并发症。

（9）全身麻醉后，出现恶性高热症、特发高血压、精神异常、肌肉松弛剂敏感导致长时间无呼吸等，也属并发症。

（10）必须立即进行手术治疗的饱腹患者，全身麻醉过程中发生呕吐、反流、呕吐物误吸入气管等，也属并发症。

（11）气管插管过程中，按技术常规进行操作，患者出现牙齿脱落、鼻出血、口唇出血、喉头痉挛、喉头水肿、支气管痉挛等，均属麻醉并发症。

130. 外科诊疗常见的医疗意外及并发症有哪些?

（1）进行外科手术前，医务人员对所需医疗设备、仪器、手术器械进行过详细的检查，而在手术过程中或外科抢救措施中发生了故障，对患者造成不良损害，应属医疗意外。

（2）患者病情复杂、严重，手术操作过于繁杂，难以控制病情恶化而发生死亡者属医疗意外。手术过程中，患者发生急性肺栓塞，经积极抢救仍死亡，属医疗意外。

（3）患有其他严重疾病而又必须进行外科手术治疗的患者，如患有恶性肿瘤、严重创伤等，在外科手术中出现心力衰竭、脑血管意外等，均属医疗意外。

（4）医务人员按照技术操作规程进行手术，因患者本身病情变化出现心、脑、肝、肾、大血管等破裂，造成难以控制的大出血，救治无效死亡者，属医疗意外。

（5）确系患者手术部位的组织器官有严重组织粘连、脏器先天畸形、解剖变异、组织层次严重不清等，手术无法识别正常组织及器官，造成损伤或其他不良后果的，应属外科治疗的并发症。

（6）凡因胸、腹腔的损伤，手术治疗或感染引起的脏器粘连，均属并发症。如阑尾切除术后部分肠粘连。

（7）内镜检查或特殊造影检查过程中患者心搏骤停，经积极抢救无效死亡的，应为医疗意外。

（8）高难度手术如胰头癌根治术、门静脉高压分流术后出现异常，如大量渗血、肺不张等，属医疗意外或并发症。

（9）具备手术指征，医务人员遵守手术操作规程，术后处理得当，但仍发生手术相关并发症，如空腔脏器吻合口瘘、十二指肠残端瘘等，属医疗意外或并发症。

131. 因医德缺乏导致的医疗纠纷有哪些？

目前医疗机构的竞争非常激烈，这也滋生了一些失德行为。有的医院有不成文的规定，只要是 120 急救中心送来一个患者就可以拿到丰厚的回扣。有的基层医院私自涂改化验单，把正常的结果改成异常。也有的宣传自己医院保证能治好当前医学上难以治疗的病症来欺骗患者大量服用无效而昂贵的药品等。

有的药品生产者及医院用高价雇佣所谓“名人”作为代言人，对某种药物进行毫无科学道理的宣传，谎称其能治好某种疾病等，这些虚假宣传会让一些无辜善良的人受骗。还有些药企在媒体上（如报纸杂志）夸大宣传某种药物的效果，让一些不知真相的患者上当受骗。在医疗纠纷鉴定实践过程中，通常患者会将医疗机构及相关代言人、媒体等一并告上法庭。

有的医务人员在接诊过程中过度诊疗，过度开具药物及相关检查，或者在患者已经治疗终结的情况下继续让其住院治疗，对不具备手术适应证的患者进行手术治疗，使患者支付的医疗费用增加，从而得到更高的回扣。有时这些情况虽然最终未给患者造成身体上的损害，但患者以“医疗费增加”作为损害后果主张赔偿，亦属医疗纠纷因果关系鉴定范畴。

上述因医德缺乏导致纠纷的情况在司法鉴定过程中时有发生，但凡违反常规进行诊疗的，医疗机构均应承担相应的责任，希望相关医疗机构不要为了眼前的利益而付出惨痛的代价。

132. 如何防范因护理不当导致的医疗纠纷?

（1）严格岗位责任制　这是护理管理的一项重要措施，应根据一般工作规律、工作程序和内容，定岗定责，使每个护理人员在护理管理中明确自己的任务和责任。使得人人参加管理，人人有专责，工作有要求，检查有标准，有条不紊，保证每日工作的正常秩序及护理项目的全面落实，形成一个严密的护理管理系统。

（2）运用评分制　用数量及实施情况来判断事物，作为护理质量管理的手段是可行的，具有一定的科学性，可避免过去常用的“概略估计”“鞭策管理”等笼统方法的弊端。如对护理安全质量采用护理缺陷扣分法，每次检查以100分为基本分，减去缺陷扣分为该得分。扣分的项目分为基本护理常规制度和一般护理技术两栏，定出每栏若干项目每次扣分的分值。这种方法加强了护理工作全过程的管理及各个具体环节的管理，提高了护理人员的工作责任心。从每项具体工作抓落实，在一定程度上可避免医疗纠纷的发生。

（3）推广责任制护理　其结构是以患者为中心，一个护士负责几个患者，按护理程序进行全面护理，满足患者身体和精神两方面的需求。其核心是将护理患者的全过程变成护理程序的不断循环的过程。随着患者的病情变化，护理也随之变化与适应，从而为患者提供全面、整体、连贯、系统的护理全过程。责任护士须完成自己所分管患者的治疗和护理工作，在实践中培养对患者的责任心，并从对患者系统、细致、连贯的病情观察中获得护理信息，及时发现问题，修订护理计划。

（4）加强护理制度及护理规范培训，提高护理人员的专业技术水平，规范护理记录　最常见的纠纷见于护理人员所进行的护理与患者的护理级别不相符，护理操作失误导致损害，或护理人员施行了相关护理但未予记录，所以医疗机构对上述问题应予高度重视。

133. 因诊疗技术失误导致的医疗纠纷有哪些？

诊疗技术包括为了诊断或治疗需要进行的局部穿刺、切开、注射、插管、洗胃、灌肠、电休克治疗等操作技术。洗胃致胃破裂，灌肠致肛门、直肠损伤，新生儿高浓度长期吸氧致失明及肺损伤等均属于诊疗技术失误导致的医疗纠纷。诊疗技术失误导致死亡的事故常见于针刺不当、空气栓塞及妇产科诊疗失误。

（1）针刺不当　在诊疗过程中由于针刺不当可发生意外损伤和并发症，如引起气胸、心包填塞、蛛网膜下腔出血、延髓损伤出血、消化道穿孔、肢体感染、电针及穴位注射不当，以上均可发生不良后果而引起医疗纠纷，重者可导致患者死亡。

（2）空气栓塞　在某些诊疗过程中，操作不慎可引起静脉性或动脉性空气栓塞而危及生命。静脉性空气栓塞多见于加压输液、输血、手术误伤胸颈部静脉、人工气胸或气腹、肾周围血管造影、输卵管通气术、吸引器人工流产、右心房插管及鼻穿刺等；动脉性空气栓塞多见于胸部手术、胸腔穿刺伤及肺静脉、麻醉师错将体外循环机的主动脉管安放在占位器上等。

（3）妇产科诊疗失误　妇产科医疗纠纷多数与分娩及刮宫术有关。如刮宫误伤子宫壁或其他盆腔脏器，造成子宫穿孔、肠穿孔、大出血及刮宫后破伤风感染；违反操作规程进行助产、缩宫素使用不当致子宫破裂；新生儿吸入性窒息及脑损伤等诊疗失误等。

134. 医务人员因医疗技术以外原因引起的纠纷有哪些？

（1）病情特殊意外　有一些患者在特殊心理状态下，在医院做出自杀、自残或者斗殴伤人行为，特别是精神病患者，一旦发生意外，患者及其家属往往要求医院承担赔偿责任。这类纠纷涉及国家有关法律、法规、规定的比较多，有些问题法律上无明文规定，尚在探讨之中，因此解决起来比较复杂，涉及面较广，对医疗单位的声誉和正常医疗秩序存在很大影响。

（2）不良医德医风　医德医风是医疗机构常抓不懈的一个大问题。有时候医务人员诊疗并无过失，患者出现意外后，按理医院可以不承担赔偿责任。但因为医务人员不良的医德医风损害了医务人员和医院的声誉，影响了医患关系，而使问题复杂化，产生纠纷。如医务人员收受红包礼品等，一旦患者出现不良后果，家属会认为医务人员对收受红包不满意而治疗不当，从而挑起医疗纠纷。

（3）服务水平低下　医疗服务问题包括医疗服务质量和医务人员服务态度两方面。医院的特殊环境和患者特殊的病情和心理状态，决定了患者及其家属求助的迫切性和焦虑心理。但有些医院管理水平欠佳，医务人员服务态度生硬、冷淡，使患者及家属遭受许多不便，心理上增添许多烦恼。这是医患之间发生纠纷常见的原因。

（4）仪器设备出现意外　医务人员的医疗过失包括不按规章制度和操作常规保养和维修仪器设备。因医疗设备状况不良、安全防护差造成患者损伤或发生其他意外的，应属医疗过失的范畴。

135. 患者发生药物不良反应，医院是否承担责任？

1999 年，国家药品监督管理局和卫生部联合发布了《药品不良反应监测管理办法（试行）》，其中对不良反应定义如下："主要指合格药品在正常用法用量下出现的与该药目的无关的或意外的有害反应。"这里的药物不良反应主要包括以下三个要素：①药品合格，假冒伪劣药品及其他不合格药品造成的损害不属"不良反应"；②用法用量符合规定，即患者具备使用该药品的适应证，所用药品的用量符合规定；③有害反应与该药品治疗目的无关。

按照上述药物不良反应的法定概念，一旦认定患者出现的损害属"药物不良反应"，实际已经排除了人为过错。在医疗纠纷鉴定实践过程中，只要能够证明医疗机构对患者用药具备适应证、剂量正确，发生了不良反应后，一般不认定医院存在过错。但是从严格要求的角度上，建议医疗机构在用药过程中做到以下几点，可避免承担责任：①对于发生率较高的不良反应，用药前最好告知患者，得到患者书面知情同意。②药品说明书中没有记载但却产生的不良反应，建议追加药品生产、经营者为被告。依据《中华人民共和国药品管理法》中"国家实行药品不良反应报告制度"的相关规定，如果药品生产者、经营者发现药品不良反应而未报告，或药品使用说明书上应补充注明不良反应而未补充的；或未按规定报送或隐瞒药品不良反应资料的，应承担过错责任。

136. 中医中药方面的医疗过错都有哪些?

中医中药是中华医学的伟大宝库，其治疗原则在许多方面体现了辨证施治的基本精神。但是，有些人认为中医理论缺乏确切的科学性，但中药尚能治病，因而醉心所谓“西医诊断，中医治疗”的做法，错误地认为这就是中西医结合，导致发生误诊误治的医疗过错。中医中药方面的医疗过失主要有以下几个方面。

（1）治疗原则错误：多见于给孕妇以大量的泻下药，如大黄、牛黄、芒硝、芦荟、牵牛子等，造成孕妇流产及早产等不良后果。有的则是乱用滋补强壮药物，造成高血压患者发生脑血管意外等不良后果。

（2）违反卫生法规：缺乏应有的现代医学的基本知识，在诊治过程中发现烈性传染病不向上级报告，不采取隔离防范措施，不建议采用现代医学措施进行治疗和预防扩散，造成传染病流行等严重后果。

（3）缺乏实事求是精神，坚持无效治疗，不转科转院，延误治疗时机，造成不良严重后果。

（4）打着“祖传中医”“名家指点”“包治百病”等旗号自吹自擂，对疑难杂症并无经验，但不懂装懂，造成不良后果。

（5）不按操作规程核对处方，看错处方、错抓药物造成不良后果。

（6）中医不懂西医，又盲目应用西药，将外用西药误作内服，将静脉注射药物予以肌内注射，注射部位错误致重要脏器或神经损伤，违反无菌操作原则等。

（7）中医针灸过失。

137. 服务态度引起的医疗纠纷有哪些表现形式?

医疗行为不只限于对患者的诊治，医疗作风、服务态度本身也是重要的组成部分，这是医疗道德的问题。不符合医疗道德，从广义上讲也是一种医疗过失。医师、护士和其他医务人员的服务态度不佳往往是造成医疗纠纷的起因。在司法鉴定实践过程中，确不属医疗过错，纯系医务人员医疗作风不佳、服务态度差、缺乏对患者应有的同情心及必要的关心、恶性语言刺激、骄傲蛮横的救世主心态引发纠纷也经常是患方起诉的主要原因。医务人员服务态度引致医疗纠纷的主要表现分为以下几种形式。

（1）交接班草率　医师、护士均有相应的交接班制度，在诊疗活动中应严格按照相关制度进行工作。做好交接班工作，可以保证医疗护理工作连续进行，并及时发现和处理特殊情况。如果违反交接班制度，可能造成对危重或特殊患者疏于管理，导致医疗过失。

（2）当班失职　值班制度规定：值班医生负责各项临时性医疗工作和患者临时情况的处理，对急诊入院患者及时检查并书写病历，给予必要的医疗处理。值班医生对危重患者应做好病程记录和医疗措施记录，并扼要记入值班日志。当班医生独立担当着本病区的医疗工作，应严密观察患者，及时处理情况，对当班时来诊的患者做好接诊工作，否则可能因发现和处理情况不及时而造成医疗过失。

（3）擅离职守　医生、护士及药房、检验科、放射科、血库等的工作人员，应按照值班制度留守值班，以保证临床医疗工作的顺利进行。在医疗实践中如果不认真执行值班制度，擅离职守，一旦患者出现突发情况或危重患者病情恶化，就可能因找不到医生、护士而耽误抢救实施，造成严重后果。

138. 病历记录引起的医疗纠纷有哪些表现形式?

病历是疾病诊治过程的全程记录，且有一定的法律意义，是司法机关判断医院与患者之间纠纷责任的重要依据。目前在临床工作中，有些医师、护士往往容易忽略病历记录，使一些本来可以避免的医疗纠纷发生了。常见的因病历记录引起的医疗纠纷主要表现为以下几种情况。

（1）病历前后记载不一致　如门诊病历与住院病历记载不同，常见的是关于患者既往病史、现病史部分的记载不同，造成这种情况的原因多是接诊医师询问病史不详而擅自书写既往史及现病史。

（2）病历书写混乱　笔者曾见过某医院将患者第一次手术记录的手术过程复制粘贴于第二次手术记录中，其实此两次手术为完全不同的手术，虽然患者最终痊愈出院，但家属认为医院存在过错而提起诉讼，造成此种情况的原因多为医生书写电子病历时粗心大意所致。

（3）缺乏相关医师签名　医务人员虽然实施了相应的诊疗，但却未在病程记录中记载，或未在相应告知书上签字，从而引起患方对其诊疗行为的怀疑。

（4）未将检查报告单等及时放入病历档案　常见于患者突然死亡，家属要求封存病历，但是医院未将前几日的检查报告单放入病历档案中，从而引起患方对其诊疗行为的怀疑。

（5）病历记载缺项　有的医疗行为本身并无过错，亦未给患者造成损害后果，但患方以术前未履行书面风险告知，无书面替代方案告知，无术前讨论、术前小结等而与医院发生医疗纠纷。

139. 如何防范急诊医疗缺陷引起的纠纷?

（1）对“重点人群”采取双防控制　既要注意典型病例中的急诊、危重、抢救、疑难、需手术等病例，也要注意个别非典型病例。在医务人员中要重点注意新毕业人员或经验不足的实习进修人员，也要注意工作马虎、责任心不强的人员，对其加强职业道德教育及技术水平培训教育等，是保证医疗安全、防范纠纷的基础。

（2）注意医疗活动的动态分析，及时发现问题的苗头，做到主动防范　如当某时间段夜间急诊手术增多或产科产妇增多时，就应对这类科室加以重视与注意。同时要强化人员、技术的分级管理，层层负责、相互监督，做好医疗活动的全程动态质控。

（3）狠抓三个落实　即技术岗位责任制的落实、各项规章制度的落实和各项技术操作常规的落实。如门急诊岗位责任制、首诊负责制、三级医师查房制度、术前病例讨论制度、护理工作中的“三查七对”制度及注射室、处置室、手术室的消毒隔离制度等。

（4）把好医疗活动的关键环节　如对术前讨论、输血血型核对、麻醉过程观察、设备状况、分娩等容易发生问题的环节，一定要提高警惕，加强防范措施。

（5）针对不同的医务人员区别防范　如医生要注意工作态度认真，工作作风严谨，坚决、严格执行各项规章制度及技术常规。护士要坚守岗位，工作认真仔细，针对患者身心特点做好相应护理工作。医技科室要细心认真，避免送检、回报单据书写错误，端正工作态度，避免丢失、损坏化验单等。

140. 骨科纠纷鉴定过错率高的原因是什么？

骨科医疗纠纷鉴错率一直高居各科室医疗纠纷的榜首，是所有临床科室中发生纠纷较多的科室。在北京市市级医疗事故鉴定案例中，外科系统医疗鉴定占总鉴定的近 50%，骨科占外科系统医疗纠纷的 50%。骨科之所以医疗纠纷多，与以下原因有关。

（1）容易引起漏诊误诊　①重病患者不能全面诊察。如创伤急诊复合伤患者，大多伤情严重，急需治疗，故而无法留给医生充足的检查时间去诊断病情，只能针对关键部位的致命伤进行诊断救治，而未进一步全面诊疗导致漏诊。②有些部位的骨折发生后需要一定时间才有可能显示骨折伤处，如肋骨骨折、股骨颈骨折、舟状骨等线形骨折，伤后立即拍片往往不易显示受伤部位。③X线片、病理检查、超声检查等辅助检查不明确，医生结合临床判断困难，导致误诊漏诊。④注重局部缺乏整体观念导致漏诊。由于骨科分科较细，医生经常局限于专科考虑，如骨折患者术前检查肺部有阴影而医生忽视进一步检查导致患者肺癌未能及时诊断；转移性肿瘤骨痛、肺癌引起肩痛，初期经常误诊为骨质疏松、肩周炎等。

（2）内固定物折断引起的纠纷　内固定物的选择对于手术成功率、治疗费用会产生很大影响。一般情况下，手术医生会根据患者的病情、年龄、职业、经济实力，做出一个比较合理的选择。但由于内固定物的生物相容性差、金属疲劳、过度活动等原因，可能发生诸如术后排异、内固定物断裂、费用昂贵等问题，骨科很容易由此产生纠纷。

（3）畸形愈合引发的纠纷　骨折后复位不良或固定不牢固，使骨折部发生成角、短缩、旋转或侧方移位，如未能及时矫正，则可发生畸形愈合。畸形愈合原因包括：石膏外固定不牢固；固定时间不足，过早去除外固定物；选择内固定物不当导致内固定失败；患者过早负重等。

（4）手术损伤引发纠纷　骨科手术过程中由于操作不当会造成患者固有生理功能的损伤或丧失，比如神经损伤、血管损伤、肌腱肌肉断裂、骨筋膜室综合征等。医务人员在工作中应加强责任心，提高操作水平，避免在术中给患者造成新的损伤。

（5）*术后感染引发纠纷*　由于骨科手术一般需要对手术的部位进行组织切开甚至分离，并在受损的骨骼处植入外来植入物，一旦发生感染就有可能引发严重的并发症，最后影响手术的效果。感染较轻的患者可能只需延长治疗的时间，感染较重的患者很可能导致残疾甚至发生生命危险。患者对手术感染往往无法接受，发生感染后如果沟通不当往往也会引发纠纷。

第5篇

鉴定诉讼篇

141. 电子病历能否修改？

《电子病历基本规范（试行）》第五条规定，电子病历录入应当遵循客观、真实、准确、及时、完整的原则。第七条规定，电子病历包括门（急）诊电子病历、住院电子病历及其他电子医疗记录。电子病历内容应当按照卫生部《病历书写基本规范》执行，使用卫生部统一制定的项目名称、格式和内容，不得擅自变更。第十条规定，电子病历系统应当设置医务人员审查、修改的权限和时限。实习医务人员、试用期医务人员记录的病历，应当经过在本医疗机构合法执业的医务人员审阅、修改并予电子签名确认。医务人员修改时，电子病历系统应当进行身份识别、保存历次修改痕迹、标记准确的修改时间和修改人信息。第二十条规定，门诊电子病历中的门（急）诊病历记录以接诊医师录入确认即为归档，归档后不得修改。第二十一条规定，住院电子病历随患者出院经上级医师于患者出院审核确认后归档，归档后由电子病历管理部门统一管理。

根据上述规定，电子病历归档前，医务人员在授权范围内可以审阅、修改电子病历，并进行电子签名确认。电子系统具有将修改时间和修改痕迹、修改人信息自动保存的功能。电子病历归档后，不得修改。根据现有技术手段，法院委托专门鉴定机构可以对电子病历是否经过修改，以及修改过程进行鉴定。

142. 瑕疵病历司法认定和过错推定是什么？

最高人民法院《第八次全国法院民事商事审判工作会议（民事部分）纪要》第十二条规定，对当事人所举证据材料，应根据法律、法规及司法解释的相关规定进行综合审查。因当事人采取伪造、篡改、涂改等方式改变病历资料内容，或者遗失、销毁、抢夺病历，致使医疗行为与损害后果之间的因果关系或医疗机构及其医务人员的过错无法认定的，改变或者遗失、销毁、抢夺病历资料一方当事人应承担相应的不利后果；制作方对病历资料内容存在的明显矛盾或错误不能作出合理解释的，应承担相应的不利后果；病历仅存在错别字、未按病历规范格式书写等形式瑕疵的，不影响对病历资料真实性的认定。

（1）瑕疵病历的认定

【检查项】

区分病历的形式瑕疵和实质瑕疵。

常见的病历形式瑕疵主要有病案号、姓名、身份证号的记录错误，医生未签名、仅有实习医生签名，住院科室记载错误等违反《病历书写基本规定》的书写错误。

病历的形式瑕疵，不影响病历真实性的认定。

医疗机构对病历瑕疵应做出解释，解释合理不影响病历真实性的认定，解释不合理或存在明显矛盾的，应承担不利后果。

（2）病历资料的过错推定　《民法典》第一千二百二十二条规定，患者在诊疗活动中受到损害，有下列情形之一的，推定医疗机构有过错：

（一）违反法律、行政法规、规章以及其他有关诊疗规范的规定；

（二）隐匿或者拒绝提供与纠纷有关的病历资料；

（三）遗失、伪造、篡改或者违法销毁病历资料。

《最高人民法院关于审理医疗损害责任纠纷案件适用法律若干问题的解释》第六条第二款规定，患者依法向人民法院申请医疗机构提交由其保管的与纠纷有关的病历资料等，医疗机构未在人民法院指定期限内提交的，人民法院可以依照侵权责任法第五十八条第二项规定推定医疗机构有过错，但是因不可抗力等客观原因无法提交的除外。

（3）总结　①判断该病历具体属于《民法典》第一千二百二十二条中的何种情形。②伪造、篡改病历的，确定是否可通过笔迹、墨迹鉴定判断。③判断病历是否属于“与纠纷有关”（关联性审查）。④针对《民法典》第一千二百二十二条过错推定的情形，医疗机构具有提供证据证明自己没有过错的反证权。⑤反证不成立的，可以依据《民法典》第一千二百二十二条推定医疗机构存在过错。⑥推定有过错，不等于医疗机构承担赔偿责任，尚需论证上述过错与损害结果之间是否存在因果关系。⑦因不可抗力等客观原因，导致无法提供病历资料的，属过错推定之例外。

143. 患方有几种诉讼请求权？

医疗损害责任纠纷中患者享有违约请求权和侵权请求权，两项请求权发生竞合。在当事人选择一种请求权之后，是否还能行使另一项请求权？《民法典》对请求权竞合现象做了有限的回应，其中总则编第一百八十六条是核心条款。但理论界和实务界对该条款的理解存在严重分歧，如果继续根据“择一行使、择一消灭”等传统民法理论解读，将在审判实务中遭遇侵害诉权、重复起诉、无法实现一次性纠纷解决等多重诉讼困境。

第一种观点认为，当事人选择其中一项请求权后，另一项请求权归于消灭。当事人再行起诉的，因欠缺基本的权利基础，法院应该直接裁定驳回起诉。

第二种观点认为，当事人选择一项请求权并不意味着另一项请求权消灭，如果其侵权主张未获支持，可以再行提起合同之诉。但两诉所依据的基本事实相同，法院应该根据“一事不再理”的原则裁定驳回。

第三种观点认为，当事人选择一项请求权并不意味着另一项请求权消灭，但两个诉讼案由不同，诉讼请求不同，不符合“一事不再理”的条件，法院应该进行实体审理并做出判决。

第四种观点认为，当事人选择一项请求权并不意味着另一项请求权消灭，仍可以再次提起诉讼。诉讼请求相同的部分，涉及“一事不再理”，应该裁定驳回该部分诉讼请求；诉讼请求不同的部分，可以进行实体审理。

即便在现行的《民法典》时代，法院在实务中一般仍倾向于第四种观点。理由如下：因请求权竞合、“一事不再理”等原则均涉及诉讼标的理论，关于何为诉讼标的的讨论由来已久，尚未形成统一认识，从实践角度出发，应尽量选择既能体现公平原则，又能减少当事人诉累的方案。应当允许其在另诉中再行主张，因两诉的法律关系及诉讼主张不同，基于不同诉讼标的之理论，亦有视其为新的诉讼之余地，法院可以进行实体审理，这样有助于充分保护当事人的利益。医院应诉时，应对此有充分考虑。

144. 患者知情同意权有哪些?

（1）医疗行为知情权　患者对在医疗行为中关于自己的病情（疾病的诊断结果、病情的轻重、痊愈的可能性）、医疗措施（措施的性质、理由、内容，预期的诊疗效果，医疗方法对患者的侵袭范围）、医疗风险（医疗行为可能伴随的风险、发生的概率和危险结果预防的可能性，如药物的毒副作用、手术的并发症，特别是医院的医疗设备情况和医师防止危险发生的能力等）等享有知情权，医疗机构有告知义务。

（2）医疗费用知情权　患者在检查、治疗前有权知道收费标准，以便做出合理选择；治疗结束后，有权查阅医疗费用明细表。

（3）医疗资料知情权　患者有权复印或复制病历资料，对病历资料享有知情权，医疗机构有提供的义务。可以复印的病历包括门诊、急诊病历，住院病历中的住院志、体温单、医嘱单、化验单、手术同意书、病例讨论记录、上级医师查房记录、会诊记录、病程记录等记录患者治疗情况的全部病历资料。

（4）医疗争议知情权　发生医疗争议后，患者或其家属应有权要求从医疗事故技术鉴定专家库中随机抽取专家鉴定组成员，也有要求有利害关系的鉴定专家回避的权利。疑似输液、输血、注射、药物等引起不良后果的，患者有权与医疗机构共同封存现场实物。同时，患者对医疗事故、医疗过失行为等享有知情权。

综上，在医疗活动中，医疗机构及其医务人员应当将患者的病情、医疗措施、医疗风险、费用、资料、争议等如实告知患者，及时解答其咨询。但是，应当避免对患者产生不利后果。这里所说的“避免对患者产生不利后果”就是指一些容易对患者情绪造成波动或刺激的事实要谨慎处理。

145. 患者哪些权利受侵犯可以起诉？

（1）生命权、健康权、身体权　生命权是以公民的生命安全的利益为内容的人格权，任何人不得非法剥夺他人的生命，否则即侵害了公民的生命权，依法应承担相应的法律责任。医疗机构在为患者提供医疗服务的过程中，应当尽到勤勉谨慎的特别注意义务，采用现代医学科学方法和技术，尽量挽救患者的生命，不得随意放弃治疗。对于患者是否有自主决定其生命权的问题，即患者是否可以要求医护人员实施安乐死，已经成为法学界、医学界以及伦理界讨论的热点问题。安乐死涉及的问题是多方面的，包括伦理学问题，必须通过专门的立法加以规定。目前，在我国实施安乐死仍属违法行为。健康权是指公民以其机体生理机能正常运作和功能发挥，维持生命活动利益为内容的人格权。任何人不得非法侵害他人的身体健康权。在为患者提供医疗服务过程中，医务人员必须严格按照诊疗护理常规，维护患者的生命健康。身体权，是指公民维护其身体的完整并支配其肢体、器官和其他组织的人格权。在医疗活动中，医护人员不得在未征得患者或其家属同意的情况下摘取其身体器官和进行器官移植，不得未经死者家属同意利用患者的尸体或其部分组织器官等。

（2）知情同意权　患者有权向医疗机构和医务人员了解其所患疾病的诊断和治疗情况，包括了解具体的病情、实施的检查方法及准备采用的各种治疗措施等，并在此基础上做出明确表示是否接受相应医疗服务。知情同意的实质是患者在实施自主权的基础上，向医疗机构或医护人员授权委托的行为。现实生活中，许多医疗纠纷都是因为患者认为医疗机构侵犯了其知情同意权所引起。知情同意权原来主要适用于对患者或正常人进行临床试验的情形，但随着社会的发展和对患者自主权的尊重，知情同意的范围不断扩大。我国《医疗机构管理条例》第三十三条规定，医疗机构实施手术、特殊检查、特殊治疗时，必须征得患者同意，并应征得其家属或者关系人的同意。《中华人民共和国医师法》第二十五条规定，医师在诊疗活动中应当向患者说明病情、医疗措施和其他需要告知的事项。需要实施手术、特殊检查、特殊治疗的，医师应当及时向患者具体说明医疗风险、替代医疗方案等情况，并取得其明确同意；不能或者不宜向患者说明的，应当向患者的近亲属说明，并取得其明确同意。医师进行实验性临床医疗，应当经医院批准并征得患者本人或者其家属同意。知情同意表达可以采用多种方式，如医生口头告知、书面告知及行为认可，但是对于实施手术、特殊检查和治疗、进行实验性临床治疗，应当采用书面告知形式。《中华人民共和国基本医疗卫生与健康促进法》第三十二条规定，公民接受医疗卫生服务，对病情、诊疗方案、医疗风险、医疗费用等事项依法享有知情同意的权利。《民法典》第一千二百一十九条则规定手术、特殊检查、特殊治疗的告知需经患者“明确同意”。

（3）隐私权　隐私权是自然人享有的对其个人的、与公共利益无关的个人信息、私人活动和私有领域进行支配的具体人格权。公民个人对于自己的隐私享有维护其不受侵犯的权利。《侵权责任法》第六十二条规定：“医疗机构及其医务人员应当对患者的隐私保密。泄露患者隐私或者未经患者同意公开其病历资料，造成患者损害的，应当承担侵权责任。”《民法典》第一千二百二十六条规定：“医疗机构及其医务人员应当对患者的隐私和个人信息保密。泄露患者的隐私和个人信息，或者未经患者同意公开其病历资料的，应当承担侵权责任。”

《民法典》不仅增加了医疗机构及其医务人员对患者“个人信息”应予以保护的内容，而且删除了《侵权责任法》中的“造成患者损害”的规定，因此，只要医疗机构或者医务人员泄露了患者的个人信息或隐私，不管是否给患者造成损害，都应承担侵权责任，这是对患者隐私和信息保密提出了更高的要求。

同时《民法典》第一千零三十四条第二款对个人信息作出了明确的定义，其中规定：“自然人的个人信息是以电子或者其他方式记录的能够单独或者与其他信息结合识别特定自然人的各种信息，包括自然人的姓名、出生日期、身份证件号码、生物识别信息、住址、电话号码、电子邮箱、健康信息、行踪信息等。”因此，在临床医疗中，患者的基本情况、病历、生物组织以及基因等相关生物识别信息，医疗机构均负有保密义务，泄露将承担侵权责任。

患者在就医过程中，出于诊断和治疗的需要，会向医务人员提供大量的个人信息，如现病史、既往史、家族史、生活史及婚姻家庭状况等，同时在接受检查和治疗过程中很可能会暴露自己身体隐私部位，对于某些疾病的诊断（如性病、艾滋病）不愿让他人知晓等。上述信息均属患者的个人隐私，未经患者明示同意，医疗机构及其医务人员不得向他人透露。《传染病防治法》规定，医务人员未经县以上政府卫生部门批准，不得将就诊的淋病、梅毒、麻风、艾滋病患者和艾滋病病原携带者及家属的姓名、住址和个人病史公开。在保护患者隐私权方面争议比较大的是如何对待临床教学中涉及的患者个人隐私问题。出于培养医学人才的目的，医学院校经常会带学生进行临床教学，包括在大量学生在场的情况下对患者身体进行检查或相关治疗。这个问题日益引起人们的重视。在临床教学情况下，如果检查和治疗将涉及患者个人隐私，则应征得患者本人的同意，同时告诫学生负有保密的义务。

（4）其他权利 患者到医院就诊的最终目的是解除病痛的折磨，尽早恢复身体健康。因此，当医患之间的医疗合同成立后，患者即有权要求医疗机构和医护人员提供良好的医疗服务，包括详细询问患者的病情，根据患者的病情进行各种临床检查，及时做出正确的疾病诊断并采取有效的治疗手段，同时给予必要的护理等。但是，由于患者自身经济能力、医疗机构及医护人员技术及设施条件的差异等原因，患者的该项权利又具有一定的相对性，不同等级的医疗机构以及不同技术水平的医护人员提供的医疗服务质量会有一定差异。

综上，在医疗侵权案件中，前些年患方多以生命健康权受到侵犯而主张赔偿，近年来随着个人自我保护意识的提高，以患者知情同意权和隐私权受到侵犯提起诉讼的越来越多。患方对服务不满意而提起诉讼的，一般以医疗服务合同纠纷为案由起诉，包括医疗费用纠纷等。

146. 法院诉讼是什么概念?

诉讼是法院审理案件的一个流程设计，就像患者入院就诊的流程一样。诉讼也叫打官司，那么从哪儿打起？怎么打？

当患者或家属自认为人身权利被侵犯（身体受损害或者患者去世），在前端院内调解或医调委调解后未能达成调解协议，可以选择到法院起诉。患者如不愿意进行调解，也可以直接前往法院提起诉讼。绝大多数案件都是患方提起诉讼，当然除了要求损害赔偿之外，还有各种五花八门的诉讼请求。有认为医方欺诈，使用高价值耗材货不对板，要求三倍赔偿的；有因为患者住院期间擅自离院走失的；有患者因为住院病历中采集既往病史影响商业保险，要求医方修改病历的；有患者认为诊断错误，导致公安机关不予立案的等。

有些案件属于民事诉讼范畴，有些未满足诉讼启动的条件。当然，作为医院也可以通过打官司保护自己的权益。比如患者欠费，拒不出院，医方可以向法院提起诉讼，要求患者履行相应义务，欠费的去交费，该出院的就得腾退病床。有的医务人员被患者家属侵权，也可以通过法院讨回公道。

打官司很复杂，就像医院有社区、二级、三级医院一样，法院也分为基层、中级和高级法院，还有最高人民法院。和医院分级诊疗不同，基层法院要受理所有医疗纠纷的一审案件。近年来，虽然有很大一部分医患纠纷可以通过医调委有效解决，但因为此类案件基数太大，导致诉讼案件还是在逐年增加。

147. 怎么评价医疗过错与损害后果是否存在因果关系？

原因和结果之间大概存在三种连接，即直接、间接、诱发。我们不能认为医方诊疗存在错误就必然导致赔偿，而不考虑内在是否存在必然联系。判断因果关系需要科学分析，寻找相关依据。如肿瘤终末期患者在接受姑息治疗时，医方未尽到护理义务，患者自身体质虚弱，出现尿路感染和吸入性肺炎的病情，但最终死亡原因仍然是自身肿瘤病情所致，此时医方对死亡后果不承担责任。

再如有一种情形，患者在第一家医院诊疗，因感染控制不佳，伤口不愈合，发生骨髓炎的不良后果，不得不到第二家医院再次手术治疗。鉴定认为第二家医院未进行细菌培养，未针对感染选择抗生素存在过错，但法院考虑第二家医院手术术式正确，术后大幅度改善了前次诊疗中医源性损伤后果，与患者最终遗留的伤残状态不存在关联性，因此判定不需要赔偿残疾赔偿金，对之前发生的医疗费亦不需要负责赔偿，这种情形属于医方虽然有一定不足，但与患者损害后果无关。

关于间接因果关系，下面这个例子比较典型。某患者下楼不小心摔倒，急诊诊断为髌骨骨折，接诊大夫阅片时建议保守治疗，支具固定。病历未记载建议复查，亦未提出其他治疗方案，患者静卧 7 天后，症状无缓解，专科复查当日影像学检查后建议手术治疗（后经鉴定分析，认为患者髌骨粉碎性骨折不能通过保守方式复位）。由于患者卧床时间较长，医方在术前未经关节镜探查血栓情况，患者在术后突发肺栓塞死亡。首次接诊大夫的行为虽然与患者死亡后果无直接因果关系，但因对治疗方案建议错误，导致患者下肢深静脉血栓发生的概率增加，认定存在间接因果关系。

148. 超出资质从事诊疗行为的法律责任

医疗纠纷案件中患方提出医方超出资质的医疗行为具有违法性，在司法实践中对此有以下几个观点。

（1）依据《民法典》第一千二百二十二条第一款第一项关于“违反法律、行政法规、规章以及其他有关诊疗规范的规定，推定医疗机构有过错”的规定，医方无某项技术资质，应直接推定其有过错。

（2）《民法典》的上述规定仍仅是对过错的推定，判断医方是否承担责任，还需考察其他侵权责任构成要件。

（3）涉及对《民法典》规定的推定过错的理解，在医方无相关技术资质时，仅能推定医方存在过错，法律并无推定医方责任之规定，医方的诊疗行为与患者损害后果是否存在因果关系，亦属医方承担责任之必需条件。

149. 医疗纠纷怎样确定管辖法院?

《中华人民共和国民事诉讼法》第二十八条规定，因侵权行为提起诉讼，由侵权行为地或被告住所地法院管辖。

《最高人民法院关于适用〈中华人民共和国民事诉讼法〉的解释》第三条规定，公民的住所地是指公民的户籍所在地，法人或者其他组织的住所地是指法人或者其他组织的主要办事机构所在地。法人或者其他组织的主要办事机构所在地不能确定的，以法人或者其他组织的注册地或者登记地为住所地。第二十四条规定，民事诉讼法第二十八条规定的侵权行为地，包括侵权行为实施地、侵权结果发生地。

上述法律及司法解释给原告诉讼管辖留有空间，但基于医疗行为的特殊性，侵权行为和侵权结果往往同时发生或相继发生，又因为诊疗行为一般发生在医疗机构内，故在被诉医疗机构住所地以外法院立案的可能性比较小。

因此，患方以医疗损害责任纠纷案由起诉，通常只能在被告所在地，即医疗机构所在地法院起诉，以被告登记注册地确定管辖法院。

实践中，如果患者在多家医疗机构就诊，就最终医疗损害后果主张赔偿责任，可以将多家医疗机构一并列为被告，并根据不同医疗机构所在地选择管辖法院。

150. 和解后患方又起诉怎么办？

实践中，经常有医疗纠纷案件在起诉前已经达成和解协议，患方拿到医疗机构支付的赔偿款后反悔，又向人民法院提起诉讼，要求医院赔偿，此种情形法院如何处理？

《民法典》实施后，关于合同效力的内容，合同编第三章仅保留了零星的边缘性规定，认定合同效力，主要依赖总则编关于法律行为效力的规定。根据总则编的规定，合同效力分为无效、可撤销和效力待定三种：通谋虚伪行为、违反法律强制性规定、违反公序良俗、恶意串通损害他人的合同无效；因重大误解、欺诈、胁迫、乘人之危显失公平签订的合同可撤销；限制民事行为能力人、无权代理人签订的合同效力待定。

其中无权处分合同效力待定的规定已经被取消，在最高人民法院《买卖合同解释》施行后，无权处分合同效力待定的规则已经不再适用。

根据上述规定，人民法院在诉讼中应审查调解协议是否有效，如协议有效且医疗机构已履行协议内容，应驳回患方的诉讼请求。如患方提出调解协议具有以下情形之一：①因重大误解订立调解协议；②在订立协议时，显失公平；③对方以欺诈、胁迫手段或乘人之危，使其在违背真实意思的情况下订立协议，人民法院应向患方释明，患方可另案提起诉讼，要求确认调解协议无效，或要求撤销、变更调解协议，且必须在达成调解协议之日起一年内起诉。

怎样避免和解后患方又起诉？一是和解协议书中载有制约反悔的条款，一旦反悔患方应按照赔偿额度的双倍返还赔偿款后方可起诉；二是和解协议书签字后双方申请法院进行司法确认，以避免出现和解后又反悔的情况。

151. 认定医方过错的法则是什么？

（1）“医学判断”法则　所谓“医学判断”法则，是指只要医疗专业者遵循专业标准的要求做决定，不能仅因事后判认其所做的决定错误而对其课以责任。医方在对患者施行诊疗时，若其已符合其专业标准所要求的注意义务、学识及技术水平，即便治疗结果不理想，甚至有不幸发生，医方也无过错，不应对该后果承担责任。

（2）“可尊重的少数”法则　医方实施诊疗护理行为时，必须具备一定水平的专门知识与技术，各个医师可能对诊疗持有不同的见解。在此场合，要容许医师有一定程度的自由裁量权。我们知道，科学与全民公决不同，在医疗行为给患者带来损害时，我们不能因多数人同意采取某种治疗措施就肯定其完全正确而不承担责任，也不能因所采用的治疗方法系属少数人认可而让该少数人承担责任。只要医师采取的治疗方法不违反其专业标准，就不能认定其有过错。

（3）“最佳判断”法则　医方所为的诊疗护理行为除必须符合其专业标准所要求的注意义务、学识及技术水平等之外，还必须是其最佳判断。换句话说，当医师的专业判断能力高于一般标准水平，而该医师又明知一般标准所要求的医疗方法具有不合理的危险性时，法院对该医师的注意义务的要求应高于一般标准。比如，美国一些法院要求医师必须依其能力做“最佳判断”方可免责；日本民法理论中也有类似要求，称为“最善之注意义务或完全之注意”。“最佳判断”法则与医师的一般注意义务有别，法院适用该原则时须非常小心。“最佳判断”法则一般仅应在该最佳判断确定的治疗方法不增加患者的危险或该治疗方法已被认为符合“可尊重的少数”法则时，方可适用。

（4）“允许风险”法则，或称“容许性危险”法则　该法则认为，在某些特殊情况下，包括医疗活动中，为谋求社会进步，应允许威胁法益的人类活动的存在。医学的进步，使以往被认为属于绝症的疾病也有了治愈的可能，给患者及其亲人带来欢乐和希望，但新药的使用，也会产生副作用。医学的进步是经过千千万万次的反复实验和多次的失败才得到的。因此，判断医方的过错，应考虑“允许风险”法则的适用。

（5）医疗的紧急性与医疗尝试　所谓医疗的紧急性，是指由于医疗的判断时间紧促，对患者的病情及病状无法做详细的检查、观察、诊断，自然难以要求医生的注意能力与平常时期等同。因此，在医疗过失上，紧急性便成为最重要的缓和注意义务的条件。但这并非有意减轻医方的注意义务，而是仍以相同的注意程度作为判断标准，不过是在因紧急情况而无法注意时，免除医方责任的承担。所谓医疗尝试，是指任何医疗行为虽均具有抽象的威胁，但医学理论更要依赖新的药物尝试或技能实验才能发展。这时，常有相当的“未知领域”的存在，医生在此未知领域当负注意义务。因此，医生在进行新的医疗尝试时，除经患者承诺外，还要先对患者的症状、体质、医院的设备、医生的能力及其他必要的实验及可能的危险做出慎重考虑，并应提供周全的应急设备，否则，将难逃过错之咎。

（6）一般医师与专科医师的不同　在医疗行业，存在着诸多分工。首先有医院管理人员与医务工作者之分；医务工作者依其专业，又有医生、护士、检验师、麻醉师、药剂师等区分。他们的注意标准应依其所属专业而加以判断。医院内还会划分内科、外科等诸多专科，每个科内都有专业医师，如今已不再也不可能有包治百病的全能医师。因此，专科医师对其专门领域内的注意义务标准要高于一般医师的注意义务。至于某医师是否为专科医师，不能以其是否取得该专业的执业证书或同类的资格证书为依据，而要看该医师是否以该专科的形态执业。倘若其能力未能及于专科医师的水平而强行为之，应从保护患者利益的角度出发，依专科医师的标准来判断该医师是否有过错。

（7）地区性原则　由于不同地区的经济、文化发展状况有差距，因此医师执业的环境、医疗经验等都有地区性的差异。这在我国尤为明显。在一些偏远的农村地区，许多医务工作者由于主、客观条件的制约，对现代医疗知识及医疗技术掌握不足。因此，判定医生是否尽到注意义务，应以同地区或类似地区（指发展水平大致相当，环境、习俗、人口等相似的地区）的医疗专业水平为依据。可见，在判定医方的过错时应考虑到地域、环境等地区性差别因素，既不纵容医方的过错，又要针对具体环境分析而不对医方过于苛刻。

综上，医疗行为具有专业性和复杂性，又受各种条件限制，难以保证每个患者都痊愈出院，不良后果也经常发生，应当客观看待医疗行为，理性分析其在个案中的作用及过失，做出客观公平的认定。

152. 认定医疗损害的前提是什么？

医疗损害责任是指医疗机构及医务人员在医疗过程中因过失的诊疗行为，造成患者人身损害或者其他损害，应当承担的以损害赔偿为主要方式的侵权责任。

何谓诊疗行为？目前我国现行法律有明确的规定，诊疗行为指医疗机构及其医务人员借助其医学知识、专业技术、仪器设备及药物等手段，为患者提供的紧急救治、检查、诊断、治疗、护理、保健、医疗美容以及为此服务的后勤和管理等维护患者生命健康所必需的活动的总和。

根据《民法典》侵权责任编的条款界定，以下四种情形不得认定为诊疗行为：一是医院设施有瑕疵导致患者摔伤或患者在医院自残、自杀；二是医院管理有瑕疵导致损害，如抱错婴儿；三是医生故意伤害患者，如拿患者做实验；四是非法行医致人伤害。对于非诊疗行为产生的人身损害赔偿责任，应当适用侵权责任编关于人身损害赔偿的一般规定，不适用有关医疗损害责任的规定。

可以明确的是医疗损害责任的前提是合法的医疗机构中的有资质的医务人员，在医疗活动中因过失的医疗行为，造成患者人身损害或者其他损害，应当承担医疗损害的侵权责任。

153. 医疗机构提供病历缺失的法律后果是什么？

医疗机构在不能提供完整病历资料的情况下是否应当直接承担赔偿责任，对此存在不同意见。

观点一认为，如果因为医疗机构提供的病历不完整，说明其未尽到对病历的保管义务，应推定其存在过错，并判决其承担相应赔偿责任。

观点二认为，医疗机构提供的病历不完整，不必然导致医疗机构过错成立，更不能简单地据此判决医疗机构承担赔偿责任。应当根据病历不完整的具体原因来认定医疗机构是否存在过错。而且即使存在过错，还要看侵权责任的其他构成要件是否具备，确定医疗机构是否应当承担责任。

我们同意第二种观点，理由如下。首先，医疗机构不能提供病历资料的原因很多，可能是没有记录或丢失，也可能是故意隐匿、销毁或者拒绝提供。《民法典》第一千二百二十二条规定，有隐匿、销毁或者拒绝提供病历资料行为的，推定医疗机构有过错，但未规定凡不能提供病历的一律推定医疗机构有过错。因此，对于医疗机构未提供病历资料是否存在过错要根据其不能提供的原因区别分析。其次，《民法典》第一千二百二十二条规定的是推定当事人有过错，但并非当然认定医疗机构有过错，医疗机构可以提出反证证明自己没有过错。例如，遇有抢救危急患者等特殊情况，医务人员可能采取不太合规范的行为，但如果证明在当时情况下该行为是合理的，就可以认定医疗机构没有过错。医疗机构如果隐匿、销毁或者拒绝提供病历资料，固然不存在提供反证证明自己没有过错的问题，但如果是由于紧急情况没有完整书写病历，或者由于意外事件等丢失病历，则可能证明自己没有过错。再次，侵权责任的构成需具备四个要件，即使认定医疗机构存在过错，还要看因果关系要件是否具备。最后，病历资料在诉讼中属于证据，医疗机构不能提供病历资料的后果是承担举证不能的后果，而非直接承担赔偿责任。至于举证不能的后果具体是什么，要看缺失的病历资料对于案件事实的证明作用：如果该资料系关键证据，缺少该病历就无法进行医疗过错及因果关系鉴定，则应认定医疗机构过错和因果关系要件成立，并导致医疗机构承担赔偿责任；如果该资料并非关键证据，则只能认定患者主张的相应事实，并综合相关证据判断医疗机构是否有过错，以及该过错与损害后果之间有无因果关系，并据此判决医疗机构是否承担赔偿责任。

154. 鉴定中“医疗意外”的认定原则是什么？

医疗意外是指医务人员在诊疗护理过程中，由于无法抗拒的原因，导致患者出现难以预料和防范的不良后果。根据《医疗事故处理条例》第三十三条，医疗意外包括两种情况：第一，在医疗活动中由于患者病情异常或者患者体质特殊而发生医疗意外；第二，在现有医学科学技术条件下，发生无法预料或不能防范的不良后果。一般情况下，若在鉴定过程中认定事件性质为医疗意外，则医疗机构不应承担责任。鉴定人认定医疗意外过程中一般会审查以下几个方面。

（1）医疗行为是否符合诊疗常规、规范　即医务人员所采取的诊疗措施是否规范，如诊断是否正确、用药是否合理、手术方式选择是否得当、术前术后检查及监护是否正确等。

（2）医务人员是否履行了危险发生的预见义务　主要包括是否按照诊疗常规对患者进行问诊及相关检查，是否关注患者特殊体质，是否对患者所患疾病可能出现的并发症、药物不良反应及相关检查可能出现的意外情况有所预估。

（3）医疗机构是否履行了避免危险发生的防范义务　主要包括是否对可能发生的不良损害进行预案、是否按照诊疗常规进行过敏试验、是否密切观察患者病情进展情况、是否核对药品和医疗器械的形状和品质等。

（4）是否履行了充分的风险告知义务　对于预见到的可能发生的不良后果是否履行了知情告知义务，并征得患者或其家属同意，是否采取了详细的文字说明并有患者或其家属签字。

155. 医疗机构伪造篡改病历的法律后果

患者对医疗机构提供的病历资料不予认可，通常以资料中存在涂改之处为由认为医疗机构涂改、篡改病历资料，甚至认为全部病历资料均属医疗机构伪造，据此要求推定医疗机构存在过错并判决医疗机构承担责任。对于病历资料的真伪如何认定，以及伪造篡改病历资料有何法律后果，均存在争议。

实践中有两种不同的做法：一种做法是对争议的病历资料先进行质证，如质证后无法认定真伪，则委托司法鉴定来鉴定，即使当事人对病历资料全部不予认可也是如此；另一种做法是先质证或委托鉴定，但如果当事人对病历资料均不予认可，则不进行鉴定，直接判决驳回患者的诉讼请求。

病历资料属于证据，应按照证据规则予以处理。首先要通过质证来认定证据的真实性。既然医疗机构承担提供病历资料的责任，那么其应当首先证明病历资料的真实性。患方对病历资料的真实性提出异议，医疗机构应当提出合理的解释说明，双方并可进行多轮质证。如果通过质证无法认定病历资料的真伪，则应通过司法鉴定来解决。需要注意的是，认定证据是法院的职权，不以当事人认可为前提，即使一方当事人对病历资料的真实性全部不予认可，如果其没有正当理由，另一方当事人又申请鉴定，法院也应当认定病历资料的真实性，并以此作为鉴定资料委托鉴定。

观点一认为：根据《民法典》第一千二百二十二条的规定，伪造、篡改病历的，推定医疗机构有过错，因此认定病历资料确实存在伪造篡改的情况，则可以直接判决医方承担责任。

观点二认为：医疗机构伪造、篡改病历的，仅是推定医方有过错，至于其是否承担赔偿责任，还要看是否满足侵权责任其他构成要件。

我们认为：首先，根据《民法典》第一千二百二十二条的规定，医疗机构存在伪造、篡改病历行为的，应推定其存在过错；其次，过错仅是侵权责任构成要件之一，医疗机构是否承担赔偿责任还需考虑其过错与患者损害之间是否存在因果关系。医疗机构伪造、篡改病历资料的直接后果是该资料不能作为鉴定资料，其最终后果决定于这部分资料对于司法鉴定的影响：如果有实质性影响，造成鉴定客观无法进行的，医疗机构要承担鉴定不能的后果，承担相应的赔偿责任；如果没有实质性影响，则仍可继续进行鉴定，医疗机构承担的后果及责任根据伪造、篡改资料对鉴定的影响承担来确定。

156. 对患者医疗费如何认定?

《最高人民法院关于审理人身损害赔偿案件适用法律若干问题的解释》第十九条规定，医疗费根据医疗机构出具的医药费、住院费等收款凭证，结合病历和诊断证明等相关证据确定。赔偿义务人对治疗的必要性和合理性有异议的，应当承担相应的举证责任。医疗费的赔偿数额，按照一审法庭辩论终结前实际发生的数额确定。器官功能恢复训练所必需的康复费、适当的整容费以及其他后续治疗费，赔偿权利人可以待实际发生后另行起诉。但根据医疗证明或者鉴定结论确定必然发生的费用，可以与已经发生的医疗费一并予以赔偿。

实践中，经常有当事人对医疗费用提出质疑，认为有些医疗项目不应发生，没有治疗必要性，或属于自费项目，不应列入赔偿范围。就此，作为举证要求赔偿损失的一方，应向法院提交病历、诊断证明书、医疗票据及清单，证明实际发生医疗费用的真实性和合法性。对方如果对某项具体的医疗费用的必要性和合理性提出异议，应当提交初步的证据，比如提交卫生管理部门和价格管理机构核定的诊疗项目及收费标准等。必要时可通过申请鉴定确认某些诊疗项目是否合理、必要，由人民法院最后认定。只是对医疗费用整体不认可而不提交初步证据的，人民法院可以依据医疗机构出具的医疗票据和费用明细来认定赔偿数额。

诉讼中患方往往把全部医疗费作为赔偿额度，医方可以过错行为导致部分损害抗辩，提出患者原来疾病所发生的医疗费用应由患方承担。

157. 医疗事故与医疗纠纷有何区别？

（1）概念不同　医疗纠纷指患方因对诊疗护理过程中发生的不良医疗后果及产生原因与医方认识存在分歧而发生的纠纷，医疗机构及其医务人员不一定有医疗过失行为。医疗事故是指医疗机构及其医务人员在医疗活动中，违反医疗卫生管理法律、行政法规、部门规章和诊疗护理规范、常规，过失造成患者人身损害的事故，重点强调医疗过失行为。所以医疗纠纷不能等同于医疗事故。

（2）医疗事故不一定引起医疗纠纷　如果医患双方对医疗事故发生的原因认识一致，经协商调解，或患方未认识到其不良医疗后果系医疗事故所致，甚至明知道是医疗事故，但患方放弃对医方的责任追究，均不会引起医疗纠纷。

（3）两者主体不尽一致　医疗事故涉及的主体限定为经过卫生行政部门批准，合法从事医疗活动的医疗机构及其医务人员；而医疗纠纷中所涉及的主体，除合法的医疗机构及其医务人员外，也包括非法行医的诊所和人员。

（4）两者的鉴定及处理机构不一致　医疗事故鉴定只能由中华医学会及省级医学会、市（设区）级医学会进行。而医疗纠纷，如患方只要求进行医疗损害民事赔偿，不要求追究医疗事故责任时，既可向卫生行政部门提请行政处理或调解处理，也可以直接向当地人民法院提起医疗损害赔偿诉讼。

158. 如何防范医疗纠纷的发生？

（1）严格遵循医疗常规、规范进行诊疗　目前疾病各分科基本均有相应的诊疗操作常规及临床路径等规范，鉴定人在进行医疗纠纷鉴定过程中应严格按照相关医疗常规、规范来评价医院是否存在医疗过错，所以医务工作者在患者诊疗过程中应该按照医疗常规进行诊疗，切忌凭“经验”或“偏方”进行诊疗，切忌独树一帜，以免给患者造成损害。在临床上，误诊误治在所难免，严格按照规范操作是降低误诊误治发生率的主要手段。反过来，在鉴定实践过程中，若医院诊疗符合常规，即使出现误诊误治并导致患者损害后果发生，也不应属于医疗过错，医方不应承担相应的责任。

（2）注重病历书写与管理的规范性　医疗纠纷鉴定的依据是病历资料，可以说，病历资料是还原案件事实的唯一手段，故医务人员在诊疗过程中一定要注重病历书写的规范，医疗机构也要注重病历管理的规范。笔者经常遇到医疗机构诊疗行为合理但缺乏相应病历记载印证，或因病历书写欠规范而承担赔偿责任的情况，这是最得不偿失的。

（3）加强医患沟通，提高沟通技巧　医患沟通是防范医疗纠纷、加强医患互相理解的重要因素。医学是一门经验学科，医学知识具备较高的专业性，大多数患者就医时并不懂相应的医学知识，这就容易导致其对医生诊疗行为产生误解，这时候沟通就显得非常必要，且医务工作者应把沟通内容落实到病历“知情同意书”的记录和签字存档上。

159. 医疗纠纷鉴定的流程是什么？

（1）委托人向医学会或鉴定机构送达委托函并提供鉴定材料，鉴定人对委托人提供的鉴定材料进行初步审查，依据《司法鉴定程序通则》第十三条之规定，一般在七个工作日内作出是否受理的决定，并告知委托人、与委托人签署司法鉴定委托书。

（2）通知委托人缴费，收到费用后安排听证会。

（3）召开听证会，会上听取医患双方针对委托鉴定事项的相关陈述，鉴定人针对委托事项询问医患双方。

（4）书写及制作鉴定意见书，期间鉴定人会针对委托鉴定事项查询相关医疗卫生管理法律、法规以及临床诊疗指南等，并可能邀请其他医学专家予以专业支持。

（5）出具鉴定意见。

依据《司法鉴定程序通则》第二十八条之规定，司法鉴定机构应当自司法鉴定委托书生效之日起三十个工作日内完成鉴定。鉴定事项涉及复杂、疑难、特殊技术问题或者鉴定过程需要较长时间的，经本机构负责人批准，完成鉴定的时限可以延长，延长时限一般不得超过三十个工作日。鉴定时限延长的，应当及时告知委托人。司法鉴定机构与委托人对鉴定时限另有约定的，从其约定。在鉴定过程中补充或者重新提取鉴定材料所需的时间，不计入鉴定时限。一般医疗纠纷鉴定涉及的专业问题较为复杂，大多鉴定人需要六十个工作日才能出具鉴定意见，有的则需要半年或一年甚至更长的时间，且听证会之前的时间及补充材料所需的时间不算在鉴定时限之内。

160. 如何审查鉴定意见的客观性和公正性？

医患双方拿到鉴定意见书后，对于鉴定人针对委托鉴定事项出具的鉴定意见是否具备说服力、是否客观公正，可从以下几个方面进行审查。

（1）鉴定人及鉴定机构适格性审查　主要审查负责本次鉴定的鉴定人以及鉴定机构是否具备进行医疗纠纷鉴定的资质，鉴定人是否参与了本次鉴定的全过程，鉴定人签名、鉴定机构签章是否真实、是否符合相关规定。

（2）鉴定意见书构成审查　主要审查鉴定意见书的构成是否符合规范，一份完整的鉴定意见书主要包括基本情况（委托人、委托事项、受理日期、送审材料、鉴定日期、被鉴定人情况等）、案情摘要、送审材料摘要、分析说明、鉴定意见、附件等相关内容。

（3）鉴定程序审查　主要审查司法鉴定机构进行鉴定过程

中是否严格按照《司法鉴定程序通则》的相关规定进行，重点审查鉴定时限是否超期、对患者进行体格检查是否为两人以上、是否违反回避制度等。

（4）鉴定依据审查　鉴定人提出的观点是否具备充分的法律法规、规章、临床诊疗规范等依据支持，语言表达是否通顺、是否符合医学逻辑，分析说明是否遵循了相应的原则，参与度认定是否符合常理。

161. 患方哪些因素会作为损害后果原因力的认定？

原因力是一个法学术语，其是指在导致受害人同一损害后果的数个原因中，各原因对于该损害后果的发生或扩大所发挥的作用力。患方以下因素会作为损害后果原因力的认定。

（1）患者自身疾病的特殊性　绝大部分医疗纠纷鉴定意见中医疗机构很少承担全部责任，这是因为我们需要考虑患者自身疾病的因素。医学属于经验科学，现有的医疗行为并不能救治所有的疾病，医疗机构并不能保证就诊即治愈，甚至有些医疗行为本身属于侵入性损害行为，如手术行为、药物并发症等，故医疗纠纷鉴定过程中首先应考虑患者自身疾病的特殊性。

（2）患者对医疗结果期望值过高　有些疾病，在现有医学科学技术水平上，医务人员尽最大努力仍未能达到患者期望的治疗效果，医疗纠纷就此产生。这种纠纷最常见于美容整形外科方面。

（3）不遵医嘱，患者依从性差　有些患者在医务人员诊疗过程中，不主动如实向医务人员陈述病情，或者不遵循医嘱配合治疗，因上述原因导致相应损害后果的发生，不应评定医院存在过错。

（4）不遵守医院的规章制度　有些患者及其家属不严格遵守医院的规章制度，擅自离院出走或者擅自采取其他治疗手段。当患者因此出现意外情况时，从司法鉴定角度来讲，不应评定医院存在过错。

162. 医疗纠纷司法鉴定有何特点？

（1）医疗纠纷司法鉴定的中立性　医疗纠纷司法鉴定的主体是独立从事司法鉴定的机构，其与卫生行政部门及各医院没有任何关系。这从体制上避免了医疗纠纷司法鉴定中存在的“近亲”或者“血缘”关系，程序公正，架构合理。因此，鉴定人员以第三方地位，坚持公开、平等的原则，在充分组织临床医学相关学科专科专家进行分析、讨论、判断的基础上，结合法医学检查、分析的结果和赔偿的要求进行综合性鉴定。实行鉴定人负责制、鉴定人出庭制和错鉴责任追究制。

（2）医疗纠纷司法鉴定的证据属性　如前所述，医疗纠纷司法鉴定的程序符合诉讼法和证据法规范，其司法鉴定的启动、鉴定人遴选、鉴定过程、法庭审查及其法律责任均有严格的限制和约束。医疗纠纷司法鉴定意见的载体，即司法鉴定文书遵循司法鉴定规范要求，满足证据形式要件，一般具有证据能力。

（3）医疗纠纷司法鉴定的适用性　医疗纠纷司法鉴定不涉及医疗事故问题，仅回答人民法院审理人身损害赔偿案件需要解决的专门性问题。因未涉及医院和医生的行政责任，鉴定大大减轻了医务人员的心理压力，一度受到医院的推崇和好评。加之其程序中立，具有证据属性，医疗纠纷司法鉴定意见具有良好的适用性。

163. 医疗纠纷鉴定中“三期”鉴定的原则是什么？

三期，即误工期、护理期、营养期，通常委托人在委托医疗过错、因果关系、参与度鉴定的同时，会委托三期鉴定，以便确定医疗费、护理费、营养费的赔偿数额。笔者根据多年鉴定经验，对“三期”的鉴定原则总结如下。

（1）合理依据原则　目前鉴定机构在处理医疗纠纷时所依据的鉴定标准为 GA/T 1193–2014《人身损害误工期、护理期、营养期评定规范》，该标准列出了大部分损害所对应的三期范围，这是医疗纠纷三期鉴定的基本依据。

（2）个性化为主、循证化为辅原则　虽然三期鉴定有标准参考，但是医疗纠纷案件中患者的病情进展变化复杂，鉴定过程中不能简单依据标准的参考范围机械照搬，应根据每个案件中患者自身病情进展情况、临床治疗情况、病情恢复情况等因素综合认定。

（3）医疗终结原则　一般情况下，三期的认定需在患者临床医疗及必要的功能康复终结以后进行，即等患者临床症状、体征消失或稳定后进行。对于一些损伤后恢复期较长，但已经进入调解程序或诉讼程序的，医患双方又急于解决的案例，三期评定的上限可至伤残评定的前一日。原则上三期不超过二十四个月。另外还有一种特殊情况，患者后续需行内固定拆除或颅骨修补等手术的，鉴定机构会根据患者实际情况做出预估性判断。

164. 鉴定过程中“知情同意书”是否可以作为免责理由？

知情同意书，是指医院在实施相应的诊疗措施之前向患者告知的有关其病情、医疗措施、需要实施手术，或者开展临床试验等存在一定危险性、可能产生不良后果的特殊检查、特殊治疗等情况，并由患者签署同意检查或治疗的医学文书。关于知情告知问题，《医疗纠纷预防与处理条例》第十三条已予明确规定。在医疗纠纷鉴定实践过程中，医疗机构是否尽到了说明义务、取得患者或者患者近亲属书面同意的义务，亦属于2017年12月14日起施行的《最高人民法院关于审理医疗损害责任纠纷案件适用法律若干问题的解释》规定的司法鉴定事项。但是，医疗机构履行了知情告知义务，患者发生损害后，是否可免责？《民法典》第五百零六条规定，合同中有关造成对方人身伤害的免责条款无效，所以即使同意书中医院明确载明“医院概不负责”或“医院不承担任何责任”，也会因其违反了法律禁止性规定而归于无效。从司法鉴定的技术角度讲，却并非如此。司法鉴定过程中主要考虑导致患者发生不良后果的原因是什么，是医院违反诊疗规范导致还是难以避免的并发症抑或患者自身体质特殊性意外导致？一旦认定医院在诊疗过程中存在违反诊疗规范常规，且该行为与患者不良损害存在密切相关性，即认定医院存在过错。另外，在实施医疗行为过程中，若需变更手术或治疗方式，亦应征得患者同意。在临床诊疗过程中，尤其是手术中，医生经常需要当机立断对治疗方案做出更改，无法及时征得患者本人或其家属同意时，可预先签署相关文件。

165. 什么是医疗行为无过错？

医疗纠纷在鉴定时有医疗行为无过错这一意见，医疗差错参与度为 0。其表现为所诉医疗损害完全是就诊人自身体质、所患疾病及其他行为所致，与医疗差错无关联或不存在医疗差错，法学上为无因果关系或无自然关联。

举例：综合医院的住院患者，具有完全民事行为能力，趁医务人员或者家属不注意，突然跳楼自杀，或采取隐蔽方式深夜自缢死亡，类似此类情况，是医务人员不可预料、也不可防范的突发事件，是患者在意识清醒状态下的自我选择，不是医疗行为导致的损害后果，只要医疗机构的设施符合标准要求，一般情况下不承担责任。

166. 医疗过错的轻微责任是什么？

所诉医疗损害主要是就诊人自身体质、所患疾病及其他行为所致，但医疗过错对损害结果的出现起到轻微的诱发、促进作用，法学上成为关联因果关系；在该情形下一般认为医疗过错参与度为10%，但法官在判决时可以将轻微责任掌握在10%～20%的责任赔偿范围。

举例：对甲状腺囊肿患者实施手术，由于切除肿块的大小和其他因素，患者手术后出现甲状腺功能减退，需要终身服用药物维持，这种情况下往往会被鉴定为轻微责任。

167. 医疗过错的次要责任是什么？

所诉医疗损害主要是就诊人自身体质、所患疾病及其他行为所致，但医疗过错对损害结果的出现起到诱发、促进、加重等作用，法学上为事实之因果关系；在该情形下，医疗过错参与度为25%。法官可以将次要责任掌握在20%～40%的责任赔偿范围。

举例：骨折患者固定螺钉脱落或者对位角度偏差过大，患者在恢复过程中出现畸形愈合或导致再次骨折，需要二次手术治疗。此类医疗纠纷案件中次要责任占相当大的比例。

168. 医疗过错的同等责任是什么？

医疗纠纷所诉医疗损害是医疗过错和就诊人自身体质、所患疾病以及其他行为共同作用所致结果，且双方的作用强度难以区分，即出现所谓“原因竞争”。在该情形下一般医疗过错参与度为 50%，即同等责任，但法官在判决时可以将同等责任掌握在 40% ～ 60% 的责任赔偿范围。

举例：老年患者往往都有骨质疏松症，在骨折术后的康复治疗中，按摩师用力不当导致再次骨折，这种骨折与骨质疏松症和不当用力都有关系，难以区分哪个轻哪个重，常常被鉴定为同等责任。

169. 医疗过错的主要责任是什么？

医疗纠纷所诉医疗损害主要是医疗过错所致，就诊人自身体质、所患疾病及其他行为增加了所诉医疗损害出现的可能性。法学上为相当因果关系。在该情形下一般医疗差错参与度为 75%，但法官在判决时可以将同等责任掌握在 60% ～ 90% 的责任赔偿范围。

举例：正常产妇住院待产时一般情况和胎心均无异常，但在住院几天后出现死胎、死产或新生儿严重窒息导致缺血缺氧性脑病。这时需要查清医疗机构有无在胎心监护、及时发现异常、错失剖宫产和抢救机会等环节的过错，往往其中一个环节出现过错都会被鉴定为主要责任。

170. 医疗过错的全部责任是什么？

医疗纠纷所诉医疗损害完全属于医疗过错所致，与就诊人自身体质、所患疾病及其他行为无关联，法学上为必然因果关系，也叫直接因果关系；在该情形下一般医疗差错参与度为 100%，法官在判决时也是按照 100% 的责任赔偿。值得注意的是，这种医疗纠纷往往涉及医务人员严重不负责任的情况，可以追究医疗事故罪。

举例：患者急性扁桃体发炎需要抗生素治疗，医生开具青霉素注射处方而没有开具过敏试验处方，护士直接注射青霉素导致患者发生过敏性休克死亡。这种情况下患者因其疾病不会死亡，是医疗行为直接导致患者死亡。

第6篇

医师维权篇

171. 暴力伤医的法律规制是什么？

近年来，暴力伤医及医闹事件屡有发生，严重破坏了医患和谐，激化了医患矛盾，每当媒体曝出一些极端事件，人们往往想问法律、法规对暴力伤医及医闹有无规制？

我国法律的表现形式有以下几种：①宪法；②法律；③行政法规；④地方性法规；⑤部门规章、地方政府规章；⑥自治条例、单行条例；⑦国际条约。

在立法层面上，医务人员及医疗机构的合法权益受到较为完善的保护。宪法是国家的根本大法，它规定了公民的基本权利义务，规定了国家的根本制度。我国的医务人员，凡是中华人民共和国公民都享有宪法规定的公民的基本权利义务，如《宪法》第三十七条规定的人身自由不受侵犯，第三十八条规定的人格尊严不受侵犯等权利。

在法律这个层面，新实施的《民法典》以及《中华人民共和国刑法》《中华人民共和国治安管理处罚法》等法律，从刑事责任、行政责任和民事责任方面对暴力伤医及医闹行为分别进行了规制，如《民法典》第一千二百二十八条规定医疗机构及其医务人员的合法权益受法律保护。干扰医疗秩序，妨碍医务人员工作、生活，侵害医务人员合法权益的，应当依法承担法律责任。以及《中华人民共和国刑法》规定的故意杀人罪、故意伤害罪、扰乱社会管理秩序罪等，就是对暴力伤医及医闹行为给予的刑事处罚，对医务人员和医疗机构进行刑事保护。虽然，《刑法》和《治安管理处罚法》没有针对医务人员设立专门保护条款，但是从立法技术上讲，这并非对这类人员保护不周。需要强调的是，《基本医疗卫生与健康促进法》第四十六条规定：医疗卫生机构执业场所是提供医疗卫生服务的公共场所，任何组织或者个人不得扰乱其秩序。第五十七条规定：全社会应当关心、尊重医疗卫生人员，维护良好安全的医疗卫生服务秩序，共同构建和谐医患关系。虽然该类条款属宣示性条款，但仍足以说明，近年来立法部门对维护医疗秩序、保护医务人员和医疗机构合法权益的重视。

《中华人民共和国医师法》作为部门法，对执业医师的权利保护也做了相应规定，第五章保障措施，用整章节的内容对医师的权益保障等方面做出详细的规定。第四十九条规定：县级以上人民政府及其有关部门应当将医疗纠纷预防和处理工作纳入社会治安综合治理体系，加强医疗卫生机构及周边治安综合治理，维护医疗卫生机构良好的执业环境，有效防范和依法打击涉医违法犯罪行为，保护医患双方合法权益。医疗卫生机构应当完善安全保卫措施，维护良好的医疗秩序，及时主动化解医疗纠纷，保障医师执业安全。禁止任何组织或者个人阻碍医师依法执业，干扰医师正常工作、生活；禁止通过侮辱、诽谤、威胁、殴打等方式，侵犯医师的人格尊严、人身安全。作为管理执业医师的行政法规，做这样的规制，应当说是完成了相应的保护医师相关权利的立法任务。

172. 对暴力伤医做出规定的行政法规有哪些？

（1）《医疗纠纷预防和处理条例》

国务院发布的《医疗纠纷预防和处理条例》自 2018 年 10 月 1 日起施行。此条例共一百五十六条，共有十二个方面的预防要求和七个方面的处理措施。条例制定的目的是预防和妥善处理医疗纠纷，保护医患双方的合法权益，维护医疗秩序，保障医疗安全。

《医疗事故处理条例》是专门处理医患纠纷的一部行政法规。第五十九条规定，以医疗事故为由，寻衅滋事、抢夺病历资料，扰乱医疗机构正常医疗秩序和医疗事故技术鉴定工作，依照刑法关于扰乱社会秩序罪的规定，依法追究刑事责任；尚不够刑事处罚的，依法给予治安管理处罚。该条例目前只适用对诊疗活动中医疗事故的行政调查处理。地方法规，如《天津市医疗纠纷处理条例》（2014 年 11 月 28 日天津市第十六届人民代表大会常务委员会第十四次会议通过）第三十六条规定，患者、家属及其他人员有下列行为之一的，由公安机关依法给予治安管理处罚；构成犯罪的，依法追究刑事责任：

（一）在医疗场所殴打医务人员或者故意伤害医务人员身体、故意损毁公私财物的；

（二）在医疗场所设置灵堂、摆放花圈、焚烧纸钱、悬挂横幅、堵塞大门或者以其他方式扰乱医疗秩序的；

（三）在医疗机构的病房、抢救室、重症监护室等场所及医疗机构的公共开放区域违规停放尸体，影响医疗秩序，经劝说、警告无效的；

（四）以不准离开工作场所等方式非法限制医务人员人身自由的；

（五）公然侮辱、恐吓医务人员的；

（六）非法携带枪支、弹药、管制器具或者爆炸性、放射性、毒害性、腐蚀性物品进入医疗机构的；

（七）故意扩大事态，教唆他人实施针对医疗机构或者医务人员的违法犯罪行为，或者以受他人委托处理医疗纠纷为名实施敲诈勒索、寻衅滋事等行为的。

（2）《关于维护医疗机构秩序的通告》

原卫生部、公安部于2012年4月30日发布的《关于维护医疗机构秩序的通告》（卫通［2012］7号）第七条规定，有下列违反治安管理行为之一的，由公安机关依据《中华人民共和国治安管理处罚法》予以处罚；构成犯罪的，依法追究刑事责任：

（一）在医疗机构焚烧纸钱、摆设灵堂、摆放花圈、违规停尸、聚众滋事的；

（二）在医疗机构内寻衅滋事的；

（三）非法携带易燃、易爆危险物品和管制器具进入医疗机构的；

（四）侮辱、威胁、恐吓、故意伤害医务人员或者非法限制医务人员人身自由的；

（五）在医疗机构内故意损毁或者盗窃、抢夺公私财物的；

（六）倒卖医疗机构挂号凭证的；

（七）其他扰乱医疗机构正常秩序的行为。

（3）《成都市医疗纠纷预防与处置办法》

有权立法的地方政府也在积极制定政府规章，遏制暴力伤医及医闹行为的蔓延。如成都市人民政府 2014 年 9 月 2 日发布的《成都市医疗纠纷预防与处置办法》，其中第十六条规定，公安机关接到关于医疗纠纷的治安警情后，应当按照下列程序处置。

（一）立即组织警力赶赴现场，原则上应当在接警后十五分钟内到达现场；

（二）开展教育疏导，制止过激行为，依法维护医疗机构医疗秩序；

（三）对下列违反治安管理的行为依法进行处置：

①在医疗机构寻衅滋事，故意毁坏医疗设施及公私财物，抢夺、毁损病历、档案等重要资料的；

②侮辱、威胁、殴打医务人员或者侵犯医务人员人身自由的；

③利用医疗纠纷，通过组织、策划、煽动、串联等非法手段牟取不正当利益的；

④患者在医疗机构内死亡，患方拒绝将尸体移送殡仪馆，劝说无效的；

⑤其他严重影响医疗机构正常工作秩序经劝阻无效且依法应当予以处理的行为。

从以上几个层面可以看出我国立法机关、各级行政机关和司法机关对于暴力伤医和医闹行为的态度是鲜明的，举措是适当的。

173. 医师哪些权利受到法律保护?

按照我国法律规定医师有以下权利：①豁免权，非经医学技术鉴定且其结论为医疗事故的，不受法律追究；②独立处方权，只要经批准注册取得执业医师证，就有独立的处方权；③生命健康权，生命健康权受国家法律保护；④人身权；⑤对疾病诊断权；⑥在患者疾病过程中行使的医疗处置权；⑦疾病调查权；⑧出具诊断证明权；⑨正常工作权；⑩人格尊严权；⑪ 工资待遇权；⑫ 名誉权；⑬ 隐私保护权；⑭ 求偿权，当合法利益受到侵犯时有要求获得赔偿的权利；⑮ 回避权；⑯ 医学研究权；⑰ 继续教育权；⑱ 检查权；⑲ 紧急救治权；⑳ 强制治疗权；㉑ 有条件的隐瞒病情权；㉒ 人格尊严受尊重权；㉓ 自卫权等。

174. 医生和患者有哪些思维差异？

每一位医生都希望尽快治愈自己的患者，没有一个医生愿意看着自己的患者病情不愈甚至加重，而患者方面的愿望是想尽快治好疾病。医生和患方的目标是一致的，但是，为了达到共同目标，医生和患方的想法与行为却不尽相同，有明显的思维差异。

（1）对疾病的认识水平不同　医生拥有医学专业知识，能够较为客观地分析病情，从而做出较为科学的判断，制订出较为合理的治疗方案。而患方缺少医学知识，只是靠生活经验或其他信息判断，对疾病的认识理解是相对片面的，因而做出的决定也是不够科学的。

（2）关注的重点不同　医生常常关注的重点是疾病本身，而忽略了作为患者的人，即医生眼中只有“病”而没有“人”。患方的需求不仅限于疾病本身，还要求医生关注整个“人”。

（3）心情态度不同　医生见惯了疾病、患者，因而面对疾病和患者时，医生的态度是冷静的、谨慎的。患方则完全不同，当疾病发生在他们身上，对他们来说就是百分之百的不幸，他们的心情非常急切、不安，难免操之过急。

（4）患方对医生并不完全信任　现实中对医生不信任的原因很多，有来自社会的、有来自医生的，也有来自患者方面的。患者认为医生想多赚钱、坑骗患者，医生认为患者找茬、搞事情等。

175. 如何消除医生与患者的思维差异？

（1）向患方详细说明疾病的有关情况，包括疾病诊断、严重程度、危险性、治疗方案、各种风险、治疗费用等。

（2）向患方说明医生的态度和目的，取得患方的信任和配合。

（3）沟通时一定要考虑到患方的心情，要站在患方的立场，让患方能够感受到医生不仅关心他的疾病，更关心他的痛苦，让患方感受到医生是真正在为他们着想！

（4）签署一份知情同意书，将有关情况详细描述，取得患者同意后签署书面的意见。

（5）经上述努力后，如果患方仍然不能配合，障碍不能消除，就需要更换医生或转院了。

176. 院外救治符合见义勇为的法律特征

见义勇为形成的必要条件有：一是以保护国家、集体的利益和他人的人身、财产安全为目的；二是具有不顾个人安危的情节；三是实施了同违法犯罪行为做斗争或者抢险、救灾、救人的行为。这三个要件必须同时具备才构成见义勇为行为。

（1）见义勇为的主体是非负有法定职责或者义务的自然人。负有法定职责或者义务的主体，在履行法定职责或者义务时，不能成为见义勇为的主体。

（2）见义勇为所保护的客体，是国家、集体利益或者他人的人身、财产安全。公民为保护本人生命、财产安全而与违法犯罪做斗争的行为，不能认定为见义勇为。

（3）见义勇为的主观方面在于积极主动、不顾个人安危。

（4）见义勇为的客观方面，表现为在国家、集体利益或者他人的人身、财产遭受正在进行的侵害的时候，义无反顾地与危害行为或者自然灾害进行斗争的行为。

医生在院外对于急危重症患者进行救治，符合见义勇为的法律要件，利国利民，对促进社会进步和医患和谐起到了积极作用。

177. 为什么说保障患者安全是医生的天职？

医生是人类中特殊的群体，只有医生可以对有生命的人进行诊断和治疗，运用科学知识挽救人的生命。医生在执业活动中履行的是法定义务，必须遵守法律、法规，遵守技术操作规范，并负有宣传卫生保健知识、对患者进行健康教育的义务。对这种职业的要求高度应该是 100%，而不是六个西格玛管理要求的 99.9999%，因为它容不得半点的马虎，生命对每个人来说只有一次，失去不可以再来，这就决定着医生行使的是神圣的天职。

努力钻研业务，更新知识，提高专业技术水平，是医师法对医师的基本要求，医师必须有精湛的医术。由于我国的特点，成为医师的门槛相对西方国家要低，这就要求我们的医务人员必须不断地接受继续教育，更新知识，把自己的医术锤炼到精湛水准，医术不精是绝对做不了好医生的。

要获得精湛的医术必须规范、细心、负责和尊重科学。医术精湛是良好医疗行为的基础，是保证患者安全的基础。医生要树立敬业精神，遵守职业道德，履行医师职责，尽职尽责为患者服务；关心、爱护、尊重患者，保护患者的隐私；爱护患者像爱护自己的眼睛一样，对待患者像对待自己的亲人一样，把患者的安危时刻放在心上，医务人员的一举一动都与患者的安危息息相关，精心的服务是保证患者安全的关键。

在好医生的面前，患者是安全的。就像 2006 年感动中国获得者华益慰医生，他把精湛的医术和无微不至的呵护都献给了患者。每一位医生都应该向白求恩、华益慰学习并严格要求自己。

178. 如何理解正当防卫？

“山东于欢案”引发了社会的广泛关注和热烈讨论。目前，该案已作出终审判决。该案的审判，无疑是一堂全民共享的法治“公开课”，社会各界关注司法机关的个案裁判，关心司法公正，这是法治发展的必然结果，也是法治建设取得明显成效的一种体现。正当防卫制度显然是其中的核心问题。

正当防卫缘起于人类的防卫本能，现代各国普遍规定有正当防卫制度。一是要认识到正当防卫是法律赋予公民的一项权利。作为法律所赋予的权利，任何公民在面对国家、公共利益、本人或者他人的人身、财产和其他权利遭受正在进行的不法侵害时，均有权针对不法侵害实施正当防卫。二是要认识到正当防卫行为受到法律保护。正当防卫针对的是不法侵害，是“以正对不正”，并非一般意义上的“以暴制暴”，是正当、合法的行为。“惩罚犯罪，保护人民”是我国刑法明文规定的立法目的。刑法不仅是惩治犯罪的工具，更是保护人民的武器。正当防卫制度的核心要义在于防卫行为的正当性，因此，正当防卫人实施制止不法侵害的行为，受到刑法的保护，不负刑事责任。三是要认识到正当防卫是与违法犯罪作斗争的积极手段。正当防卫是公民的权利，并非制止不法侵害的最后手段。换言之，我国刑法并未将正当防卫规定为一种“不得已”的应急措施，并未要求防卫人穷尽一切手段之后才能实施正当防卫。相反，即使防卫人在有条件躲避不法侵害或者求助司法机关的情况下，仍然有权实施正当防卫。

实施正当防卫，不仅不具有社会危害，反而对社会有益。一是有利于及时保障合法权益不受侵犯。当国家、公共利益和公民个人合法权益正在遭受不法侵害，公力救济难以及时、有效制止侵害时，可以说，正当防卫是制止不法侵害、保护合法权益的最直接、最有效的手段。二是有利于有效震慑犯罪分子。法律允许正当防卫对不法侵害人的人身、财产等权益造成一定损害，甚至可以致伤、致死不法侵害人。这对不法侵害人，甚至潜在犯罪人无疑是有效的震慑，使其不敢轻举妄动，可以有效减少犯罪的发生。三是有利于伸张社会正义。鼓励人民群众同违法犯罪行为作斗争，通过正当防卫及时制止不法侵害，有效维护合法权益，彰显“正义不向非正义低头”的价值取向，是培育和践行社会主义核心价值观，惩恶扬善，伸张正义，推进社会主义精神文明建设的应有之义。对于公民通过正当防卫自觉同违法犯罪作斗争的行为，应当坚决予以支持和保护。

179. 哪些情况下可以实施正当防卫？

《中华人民共和国刑法》第二十条规定了什么是正当防卫，它指为了使国家、公共利益、本人或者他人的人身、财产和其他权利免受正在进行的不法侵害，而采取的制止不法侵害的行为，对不法侵害人造成损害的，属于正当防卫，不负刑事责任。

对正在进行行凶、杀人、抢劫、强奸、绑架以及其他严重危及人身安全的暴力犯罪，采取防卫行为，造成不法侵害人伤亡的，不属于防卫过当，不负刑事责任。

（1）只要出现行凶的可能性，就可以按照已经行凶进行防卫　A 拿着砍刀堵在门口威胁 B，说 B 不如何就弄死 B，并且拿刀子在 B 的面前比比划划，甚至用刀背触碰了 B 敏感的肌肤，也许这时 A 只是想吓唬吓唬 B，并没想真的砍人，如果是以往，B 直接夺下 A 的刀把 A 砍翻，这极有可能被认为防卫过当或者是故意伤害。而在现行法律条件下，这就是正当防卫，因为 B 处在实质性的人身伤害威胁下，他并不需要揣摩 A 的真实目的就可以实施防卫。

（2）*别人拿刀砍你，你可拿刀砍回去*　有歹徒 A 持刀砍无辜路人 B，B 夺下刀子对 A 连捅三刀致其当场死亡。以往 B 会被认定防卫过当。而现在最高人民检察院新的解释原则是，不以结果论防卫是否过当，而是以暴力手段论，只要暴力手段对等就可以认定正当防卫。

例如江苏昆山夺刀砍死案：当时“龙哥”拿着刀威胁要砍于海明，期间砍刀意外失手落地，于海明眼疾手快把龙哥丢弃的刀捡起砍回去，龙哥撒腿就跑，被于海明追上掀翻在地，乱刀击杀。

警方最初认定于海明拾刀在手后，龙哥已经失去了继续加害的能力，于海明的做法有防卫过当嫌疑，但在检方的帮助下于海明最终被认定为正当防卫，理由是于海明认为龙哥跑回车里没准还要拿枪，所以追上去砍的几刀是因为自觉不安全，属于正当防卫。

（3）*有人意图伤害自己可带防身武器*　如医生 A 因为医疗纠纷被患者家属 B 骚扰，B 在骚扰中提到要伤害 A，A 认为这种威胁是实际存在而非空穴来风，所以 A 在工作期间随身携带刀具或者棍棒之类的硬物，后来 B 真的对 A 进行人身伤害，这时 A 拿出随身携带的武器将 B 击伤甚至击毙，这种情况下现在视为“防卫过当”，而非“违法携带管制刀具”。

180. 医师怎样实施紧急避险?

（1）紧急避险的起因条件　紧急避险，前提是有危险需要避免。这种危险有来自自然力量的危险，有来自动物的危险，也包括来自人的危害社会行为等方面的危险。此外，这种危险必须是客观真实的危险，而不是医生假想、推测的危险。如果本不存在危险，但行为人误以为存在危险，并因此实施了所谓的避险行为，这也就是通常所说的假想避险。假想避险不是紧急避险，如果行为人造成严重后果的，也应当承担刑事责任。

（2）紧急避险的时间条件　危险必须是正在发生，将立即造成损害且尚未结束。如果行为人在危险尚未出现或者已经结束的情况下实施所谓的避险，这就容易造成避险不适时。避险不适时在严格意义上并不是紧急避险，对于避险不适时造成严重后果的，也要承担法律责任。

（3）紧急避险的对象条件　即紧急避险的对象不是危险的来源，如因人造成的紧急危险，那么行为人不能直接对造成紧急危险的人实施“避险”，而必须牺牲第三方的利益才可以造成紧急避险。

（4）紧急避险的限制条件　由于紧急避险要对无辜的第三者的合法权益造成损害，所以，法律对紧急避险规定了严格的限制条件，只能在迫不得已的情况下实施。

医师在紧急避险中，因紧急避险所造成的损害必须小于所避免的损害。如何权衡利益大小，一般认为，人身权利大于财产权利，而在人身权利中，生命权高于一切，首先得以保护生命为最高保护标准。

181. 什么叫医师的诊查权？

执业医师在诊疗活动中，对就诊的患者，根据病情需要，按照医疗规范，具有进行疾病诊断和身体检查的权利。这是法律赋予医生的一种特殊权利。

《中华人民共和国医师法》第二十二条规定，医师在执业活动中享有下列权利：在注册的执业范围内，按照有关规范进行医学诊查、疾病调查、医学处置、出具相应的医学证明文件，选择合理的医疗、预防、保健方案。医师诊查权具有独立性，凡取得执业医师资格的医师，都有权独立地诊断和检查，不受其他人的干扰。但是，在行使这种职务职权时，要遵守医疗规范。

由于世俗的观念，女患者接受男妇产科医生的检查与治疗，可能会觉得受到了羞辱。但从科学的角度看，应该淡化这种性别差异。过分看重医师的性别，会妨碍医学的发展，妨碍人们对职业的选择。现行的法律没有规定医院有义务告知求诊者，给患者诊查的医师是男是女。对患者来说，治好病是问题的核心，与医师的医术水平有关，而与性别无关。

在对女患者的隐秘处实施诊查时，要按照医疗规范进行操作，尊重女患者对医生性别的知悉权与选择权，出于尊重女性隐私的考虑，可以增加一些人性化的服务措施，如男医生给女患者诊疗时，让女医务人员陪同就可缓解不安。医生要尊重患者，患者也应该体谅他们的职业性质，相信他们的职业操守。

182. 医师的人格尊严权是什么？

人格尊严是人的基本权利的价值核心，是人的社会性在道德和法律上的承认和体现，是人作为社会成员必不可少的社会权利。“士可杀不可辱”，中国自古就重视人格尊严，特别是随着法治的健全，侵犯他人的人格尊严不仅要受到社会道义的谴责，行为人还要承担相应的法律责任。人格尊严同其他权利相比，具有高度的概括性和包容性。每个人各个方面的潜能发展、生活方式的实现，以及各种生命意义的开拓，都是建立在人格尊严之上。

《宪法》第三十八条规定：中华人民共和国公民的人格尊严不受侵犯。禁止用任何方法对公民进行侮辱、诽谤和诬告陷害。

《民法典》第四编人格权编，用五十一个法条明确和详细表述了公民、法人享有名誉权，公民的人格尊严受法律保护，禁止用侮辱、诽谤等方式损害公民、法人的名誉。

《中华人民共和国医师法》第四十九条规定：县级以上人民政府及其有关部门应当将医疗纠纷预防和处理工作纳入社会治安综合治理体系，加强医疗卫生机构及周边治安综合治理，维护医疗卫生机构良好的执业环境，有效防范和依法打击涉医违法犯罪行为，保护医患双方合法权益。医疗卫生机构应当完善安全保卫措施，维护良好的医疗秩序，及时主动化解医疗纠纷，保障 医师执业安全。禁止任何组织或者个人阻碍医师依法执业，干扰医师正常工作、生活；禁止通过侮辱、诽谤、威胁、殴打等方式，侵犯医师的人格尊严、人身安全。

最高人民法院《关于确立民事侵权精神损害赔偿责任若干问题的解释》第一条规定，自然人因下列人格权利遭受非法侵害，向人民法院起诉请求赔偿精神损害的，人民法院应当依法予以受理：①生命权、健康权、身体权；②姓名权、肖像权、名誉权、荣誉权；③人格尊严权、人身自由权。违反社会公共利益、社会公德侵害他人隐私或者其他人格利益，受害人以侵权为由向人民法院起诉请求赔偿精神损害的，人民法院应当依法予以受理。

人格尊严权是指公民独立的人格和尊严不容侵犯的权利。在法律上，人格尊严是通过对人格权的保护来实现的，如通过名誉权、肖像权、姓名权、名称权、隐私权、信用权、人身自由权等具体人格权来实现。

人格尊严是具有伦理性品格的权利，是主体对自己尊重和被他人尊重的统一，是对个人价值主客观评价的结合。作为“人”所应受到的他人和社会最基本的尊重，是人对自身价值的认识与其在社会上享有的最起码尊重的结合。因此，判断自然人人格尊严是否受到侵害，不能仅考虑他的主观自尊感受，更要从客观角度考虑其在社会范围内，所享有的作为“人”的最基本受到尊重的权利是否被贬损，如果造成贬损，则其人格尊严遭受侵害。

为保护人格尊严权，《中华人民共和国刑法》对侵害人格尊严的行为人也给予严厉打击。侮辱“人格尊严”的犯罪行为，一般是告诉才处理，属于自诉案件。所谓自诉案件，是指被害人或其法定代理人，为了追究被告人的刑事责任，依法直接向人民法院提起诉讼的刑事案件。对于严重危害社会秩序和国家利益的刑事犯罪，则由国家司法机关依法进行侦查，提起公诉。

对于一般侵害医师人格尊严的行为，医师可以依据《民法典》和相关司法解释的规定提起民事诉讼，以人格尊严受到侵害为由提起民事诉讼，要求停止侵害、恢复名誉、消除影响、赔礼道歉、经济赔偿和精神损害赔偿。

183. 医师的生命健康权是什么?

生命是自然人赖以存在的前提，生命与健康是公民享有一切权利的基础。如果生命健康权得不到保障，那么公民的其他权利就无法实现。对医师而言，生命健康权是最重要也是最不能遭受侵犯的权利，生命权一旦遭受侵害，成为人的生命个体就不复存在了。生命健康权是公民的最基本人权。

生命权是法律赋予自然人的以维持其生命存在和生命安全为内容的权利，生命安全是公民从事一切活动的物质前提和基本条件，公民享有生命安全不被非法剥夺、危害的权利。世界上大多数国家均将生命权视作一项独立的权利。

凡致人死亡的非法行为均属侵害生命权的行为。公民有维护其生命安全利益的权利，当他人非法侵害自身生命安全时，有权依法自卫和请求司法保护。生命对于每个人来说都只有一次，具有最高价值，生命一旦丧失，任何权利对受害人而言均无价值。执业医师有权珍爱生命，维护生命安全。

健康权是指人们保护自己身体各器官、机能安全，维护生理机能正常运转的权利。这种健康权不仅有身体上的健康，还有心理状态上的健康。健康权的含义分为两层：其一，保持自己健康的权利；其二，健康利益维护权，当健康受到不法侵害时，受害人享有司法保护请求权。

保护医师的生命权和健康权，是刑法、民法、行政法等许多法律部门的共同任务。非法侵害医师的生命健康权，要承担相应的民事责任和刑事责任。为保护自己的生命和健康，医师可以行使自卫权和请求权。自卫权是指当医生发现自己的生命或者健康正在受到侵害或者即将发生危险时，有权依法采取相应的措施进行自卫，如正当防卫和紧急避险。请求权是指当医师的生命或者健康受到不法侵害时，其本人或其亲属有权要求加害者停止侵害，并请求司法机关依法追究加害人的法律责任。

在刑法中，侵害医师生命健康权的犯罪有多种，这些犯罪行为不仅可以发生在医师的正常工作当中，也可以发生在非正常工作期间，如成为故意杀人罪、故意伤害罪、强奸罪的受害人。在民事领域，对于侵害医师生命健康权的，可以向法院提起诉讼，要求侵权人采取停止侵害、消除影响、赔礼道歉、赔偿损失等方式来保护被侵权人的生命健康权。总之，任何一位医师在自己的生命健康权受到侵害时，都有权要求有关部门予以保护。

184. 医师的免责权包括哪些？

医师在医疗活动中，符合法律规定的情况，在一定的条件下所实施的医疗行为，导致患者的不良后果，甚至死亡，但只要不构成医疗事故，就有不受法律追究责任的权利。上述不良后果包括紧急抢救、患者特殊体质、医学条件限制、患方原因误诊和不可抗力造成的不良后果。

《医疗事故处理条例》第三十三条规定，有下列情形之一的，不属于医疗事故：

（一）在紧急情况下为抢救垂危患者生命而采取紧急医学措施造成不良后果的；

（二）在医疗活动中由于患者病情异常或者患者体质特殊而发生医疗意外的；

（三）在现有医学科学技术条件下，发生无法预料或者不能防范的不良后果的；

（四）无过错输血感染造成不良后果的；

（五）因患方原因延误诊疗导致不良后果的；

（六）因不可抗力造成不良后果的。

医疗行为是救死扶伤的人道主义行为。医学是一个有着许多未知领域的学科，当今社会的医学还不是真正意义的科学，这就决定了医疗服务本身是一项高风险的工作，所以，法律规定了医师在一定情况下发生了不良后果的免责条款。

医师与医疗机构是一种职务代理关系，执业医师在代理的范围内相对独立地进行诊疗活动，医疗活动中出现的不良后果，责任是由医疗机构来承担的。只有在由于医师的重大过失或故意行为给患者造成损害的情况下，才承担法律责任。

医疗事故罪是指医务人员由于严重不负责任，造成就诊人死亡或者严重损害就诊人身体健康的行为。本罪的犯罪主体是医务人员，包括在医疗机构从事对患者救治、护理工作的医生和护士。构成医疗事故罪的行为要具有两个条件。一是有严重不负责任的情形。严重不负责任，是指医务人员在对就诊人进行医疗护理或身体健康检查过程中，在履行职责的范围内，对于应当可以防止出现的危害结果，由于其严重疏于职守，因而导致就诊人死亡或者严重损害就诊人身体健康的后果。二是造成严重后果，即造成就诊人死亡或者严重损害就诊人身体健康。

刑法规定，医务人员犯医疗事故罪的，处三年以下有期徒刑或者拘役。其行为方式既可以是作为，如医务人员错误地诊断病情、开错处方、配错药等；也可以是不作为，如医务人员对危重患者不及时抢救或工作中擅离职守，致使患者得不到及时救治等。并且本罪要求只有以上严重不负责任的行为造成就诊人员死亡或身体严重损害时，才能构成本罪。

医疗意外是指由于病情或者患者体质特殊而发生难以预料和防范的不良后果。它与医疗事故罪都可能发生就诊人员死亡或身体健康严重损害的后果，二者区别的关键在于主观上有无过失。如果就诊人员死亡或身体健康严重损害是因医务人员责任心不强，违反规章制度或诊疗常规造成的，则构成医疗事故罪；如上述后果是因医务人员难以预料或难以防范的因素所引起，属于医疗意外，不能以犯罪论处。

医疗意外与医疗事故罪中的疏忽大意过失颇为相似，二者不但都发生了严重后果，而且对严重后果的发生都没有预见。二者的区别在于，疏忽大意过失对严重后果的发生是应当预见而没有预见，医疗意外对严重后果的发生是难以预见而没有预见。

医师严重不负责任的行为，是指在诊疗工作中违反规章制度和诊疗常规，包括诊断、处方、麻醉、手术、输血、护理、化验、消毒、医嘱、查房等各个环节的规程、规则、守则、制度、职责要求等。医疗事故案件中常见的违反规章制度的情况有：错用药物、错治患者、错报输血、错报病情、擅离职守、交接班草率、当班失职等。

185. 医师的名誉权包括哪些内容？

名誉作为人格权的一项重要内容，是对公民和法人的品德、声誉、才干等方面的社会评价，以及这种评价给公民和法人带来的精神利益。名誉权是公民享有的一项重要权利，直接关系着他的社会地位和人格尊严，良好的名誉不仅会使公民受到公众的信赖和尊重，而且也是从事社会交往和社会活动的有利条件。

医师享有获得和维持其名誉的权利，医师的名誉和尊严不容任何个人、群体和国家非法加以侵害。

《民法典》第四编人格权编明确了公民、法人享有名誉权，公民的人格尊严受法律保护，禁止用侮辱、诽谤等方式损害公民、法人的名誉。

《中华人民共和国医师法》第四十九条规定，县级以上人民政府及其有关部门应当将医疗纠纷预防和处理工作纳入社会治安综合治理体系，加强医疗卫生机构及周边治安综合治理，维护医疗卫生机构良好的执业环境，有效防范和依法打击涉医违法犯罪行为，保护医患双方合法权益。

医疗卫生机构应当完善安全保卫措施，维护良好的医疗秩序，及时主动化解医疗纠纷，保障医师执业安全。

禁止任何组织或者个人阻碍医师依法执业，干扰医师正常工作、生活；禁止通过侮辱、诽谤、威胁、殴打等方式，侵犯医师的人格尊严、人身安全。

如何认定是否构成侮辱和诽谤，主要是看侵权人造成被害人名誉权毁损的内容是否是真实的，如果主要内容不实，具有捏造和当众侮辱、诽谤被害人的行为，应当认定为侵害名誉权。相比而言，诽谤具有误导他人认识的作用，而侮辱则不具有，社会上的其他人一般不会相信书面或者口头侮辱的内容是真实的。当行为人以侮辱、诽谤方式侵犯执业医师的名誉时，首先侵犯的是医师的民事权利，可以追究民事责任；情节严重，符合刑法关于侮辱罪、诽谤罪的规定时，行为人的行为就构成了犯罪，可以根据刑法追究其刑事责任。

刑法上的侮辱与诽谤的条件与民法上的侮辱与诽谤的条件不同。区别是：刑法上的侮辱是要求在大庭广众之下对被害人进行公然的侮辱，而民法上的侮辱只要侵权人对被害人的侮辱行为，为他人所知道即可，并不要求公然或在公众场合进行侮辱。刑法上的诽谤要求所散布的虚假信息是行为人自己捏造的，而民法上的诽谤并不要求所散布的虚假信息是行为人所捏造，只要行为人有散布此种虚假的事实即可。

186. 医生的法定义务有哪些？

（1）按照规范书写和修改病历的义务 《医师法》第二十四条规定，医师实施医疗、预防、保健措施，签署有关医学证明文件，必须亲自诊查、调查，并按照规定及时填写病历等医学文书，不得隐匿、伪造、篡改或者擅自销毁病历等医学文书及有关资料。

医师不得出具虚假医学证明文件以及与自己执业范围无关或者与执业类别不相符的医学证明文件。

（2）保护患者隐私的义务 《民法典》第一千二百二十六条规定，医疗机构及其医务人员应当对患者的隐私和个人信息保密。泄露患者的隐私和个人信息，或者未经患者同意公开其病历资料的，应当承担侵权责任。

《中华人民共和国医师法》第二十三条规定，医师在执业活动中履行下列义务：尊重、关心、爱护患者，依法保护患者隐私和个人信息。

（3）病历的保管义务　《民法典》第一千二百二十五条规定，医疗机构及其医务人员应当按照规定填写并妥善保管住院志、医嘱单、检验报告、手术及麻醉记录、病理资料、护理记录等病历资料。患者要求查阅、复制前款规定的病历资料的，医疗机构应当及时提供。

《医疗机构病历管理规定》第三条：医疗机构应当建立病历管理制度，设置专门部门或者配备专（兼）职人员，具体负责本机构病历和病案的保存与管理工作。第四条：在医疗机构建有门（急）诊病历档案的，其门（急）诊病历由医疗机构负责保管；没有在医疗机构建立门（急）诊病历档案的，其门（急）诊病历由患者负责保管。住院病历由医疗机构负责保管。

（4）不出具虚假医疗证明的义务　《中华人民共和国医师法》第二十四条规定，医师实施医疗、预防、保健措施，签署有关医学证明文件，必须亲自诊查、调查，并按照规定及时填写病历等医学文书，不得隐匿、伪造、篡改或者擅自销毁病历等医学文书及有关资料。

（5）对患者进行健康教育的义务　《中华人民共和国医师法》第二十三条规定，医师在执业活动中履行下列义务：宣传推广与岗位相适应的健康科普知识，对患者及公众进行健康教育和健康指导。

（6）发生纠纷时封存病历和实物的义务　《医疗事故处理

条例》第十六条：发生医疗事故争议时，死亡病例讨论记录、疑难病例讨论记录、上级医师查房记录、会诊意见、病程记录应当在医患双方在场的情况下封存和启封。封存的病历资料可以是复印件，由医疗机构保管。

第十七条：疑似输液、输血、注射、药物等引起不良后果的，医患双方应当共同对现场实物进行封存和启封，封存的现场实物由医疗机构保管；需要检验的，应当由双方共同指定的、依法具有检验资格的检验机构进行检验；双方无法共同指定时，由卫生行政部门指定。

（7）发生医疗过错并造成损害后果的赔偿义务　《民法典》第一千一百七十九条规定，侵害他人造成人身伤害的，应当赔偿医疗费、护理费、交通费、营养费、住院伙食补助费等为治疗和康复支出的合理费用，以及因误工减少的收入。造成残疾的，还应当赔偿辅助器具费和残疾赔偿金；造成死亡的，并应当赔偿丧葬费和死亡赔偿金。

《民法典》第一千二百一十八条规定，患者在诊疗活动中受到损害，医疗机构及其医务人员有过错的，由医疗机构承担赔偿责任。

（8）发现传染病报告的义务　《中华人民共和国传染病防治法》第三十一条：任何单位和个人发现传染病患者或者疑似传染病患者时，应当及时向附近的疾病预防控制机构或者医疗机构报告。第五十二条：医疗机构应当对传染病患者或者疑似传染病患者提供医疗救护、现场救援和接诊治疗，书写病历记录以及其他有关资料，并妥善保管。医疗机构应当实行传染病预检、分诊制度；对传染病患者、疑似传染病患者，应当引导至相对隔离的分诊点进行初诊。医疗机构不具备相应救治能力的，应当将患者及其病历记录复印件一并转至具备相应救治能力的医疗机构。具体办法由国务院卫生行政部门规定。

（9）服从政府调遣义务　《中华人民共和国医师法》第三十二条规定，遇有自然灾害、事故灾难、公共卫生事件和社会安全事件等严重威胁人民生命健康的突发事件时，县级以上人民政府卫生健康主管部门根据需要组织医师参与卫生应急处置和医疗救治，医师应当服从调遣。

《医疗机构管理条例》第三十九条规定，发生重大灾害、事故、疾病流行或者其他意外情况时，医疗机构及其卫生技术人员必须服从县级以上人民政府卫生行政部门的调遣。

（10）规范实施医疗行为的义务　《中华人民共和国医师法》第二十三条规定，医师在执业活动中履行下列义务：（二）遵循临床诊疗指南，遵守临床技术操作规范和医学伦理规范等。

《医疗事故处理条例》第五条规定，医疗机构及其医务人员在医疗活动中，必须严格遵守医疗卫生管理法律、行政法规、部门规章和诊疗护理规范、常规，恪守医疗服务职业道德。

（11）及时转诊的义务　《医疗机构管理条例》第三十一条规定，医疗机构对危重患者应当立即抢救，对限于技术条件不能诊治的患者，应当及时转诊。

（12）接受患者监督的义务　《医院投诉管理办法（试行）》

第五条规定，医院应当按规定实行院务公开，主动接受群众和社会的监督。

（13）尽职尽责为患者服务的义务　《医师法》第二十三条规定，医师在执业活动中履行下列义务：树立敬业精神，恪守职业道德，履行医师职责，尽职尽责救治患者，执行疫情防控等公共卫生措施。

（14）拒绝不当利益的义务　《中华人民共和国医师法》第三十一条规定，医师不得利用职务之便，索要、非法收受财物或者牟取其他不正当利益；不得对患者实施不必要的检查、治疗。

特别强调了“不得对患者实施不必要的检查、治疗”。

2008 年 11 月最高人民法院和最高人民检察院发布的《关于办理商业贿赂刑事案件适用法律若干问题的意见》第四条规定：医疗机构中的国家工作人员，在药品、医疗器械、医用卫生材料等医药产品采购活动中，利用职务上的便利，索取销售方财物，或者非法收受销售方财物，为销售方谋取利益，构成犯罪的，依照《刑法》第三百八十五的规定，以受贿罪定罪处罚。

医疗机构中的非国家工作人员，有前款行为，数额较大的，依照《中华人民共和国刑法》第一百六十三条的规定，以非国家工作人员受贿罪定罪处罚。

医疗机构中的医务人员，利用开处方的职务便利，以各种名义非法收受药品、医疗器械、医用卫生材料等医药产品销售方财物，为医药产品销售方谋取利益，数额较大的，依照《中华人民共和国刑法》第一百六十三条的规定，以非国家工作人员受贿罪定罪处罚。

（15）如实向患者告知的义务　《民法典》第一千二百一十九条规定，医务人员在诊疗活动中应当向患者说明病情和医疗措施。需要实施手术、特殊检查、特殊治疗的，医务人员应当及时向患者具体说明医疗风险、替代医疗方案等情况，并取得其明确同意；不能或者不宜向患者说明的，应当向患者的近亲属说明，并取得其明确同意。

医务人员未尽到前款义务，造成患者损害的，医疗机构应当承担赔偿责任。

《中华人民共和国医师法》第二十五条规定，医师在诊疗活动中应当向患者说明病情、医疗措施和其他需要告知的事项。需要实施手术、特殊检查、特殊治疗的，医师应当及时向患者具体说明医疗风险、替代医疗方案等情况，并取得其明确同意；不能或者不宜向患者说明的，应当向患者的近亲属说明，并取得其明确同意。

《医疗事故处理条例》第十一条规定，在医疗活动中，医疗机构及其医务人员应当将患者的病情、医疗措施、医疗风险等如实告知患者，及时解答其咨询；但是，应当避免对患者产生不利后果。

（16）涉嫌伤害和非正常死亡报告义务　《中华人民共和国医师法》第三十三条规定，在执业活动中有下列情形之一的，医师应当按照有关规定及时向所在医疗卫生机构或者有关部门、机构报告：（一）发现传染病、突发不明原因疾病或者异常健康事件；（二）发生或者发现医疗事故；（三）发现可能与药品、医疗器械有关的不良反应或者不良事件；（四）发现假药或者劣药；（五）发现患者涉嫌伤害事件或者非正常死亡；（六）法律、法规规定的其他情形。

医师发现患者涉嫌伤害事件或者非正常死亡时，应当按照有关规定向有关部门报告。

（17）医疗纠纷诉讼中的举证义务　《最高人民法院关于民事诉讼证据的若干规定》第四条规定，因医疗行为引起的侵权诉讼，由医疗机构就医疗行为与损害结果之间不存在因果关系及不存在医疗过错承担举证责任。

《民法典》第一千二百二十二条规定，患者在诊疗活动中受到损害，有下列情形之一的，推定医疗机构有过错：（一）违反法律、行政法规、规章以及其他有关诊疗规范的规定；（二）隐匿或者拒绝提供与纠纷有关的病历资料；（三）遗失、伪造、篡改或者违法销毁病历资料。

（18）依法处理尸体的义务　《最高人民法院关于确定民事侵权精神损害赔偿责任若干问题的解释》第三条规定，自然人死亡后，其近亲属因下列侵权行为遭受精神痛苦，向人民法院起诉请求赔偿精神损害的，人民法院应当依法予以受理：（三）非法利用、损害遗体、遗骨，或者以违反社会公共利益、社会公德的其他方式侵害遗体、遗骨。

《中华人民共和国传染病防治法》第四十六条规定，患甲类传染病（鼠疫、霍乱）、炭疽死亡的，应当将尸体立即进行卫生处理，就近火化。患其他传染病死亡的，必要时，应当将尸体进行卫生处理后火化或者按照规定深埋。

为了查找传染病病因，医疗机构在必要时可以按照国务院卫生行政部门的规定，对传染病患者尸体或者疑似传染病患者尸体进行解剖查验，并应当告知死者家属。

（19）依法使用药品的义务　《中华人民共和国医师法》第二十八条规定，医师应当使用经依法批准或者备案的药品、消毒药剂、医疗器械，采用合法、合规、科学的诊疗方法。

除按照规范用于诊断治疗外，不得使用麻醉药品、医疗用毒性药品、精神药品、放射性药品等。

《中华人民共和国药品管理法》第二十三条规定，医疗机构配制制剂，须经所在地省、自治区、直辖市人民政府卫生行政部门审核同意，由省、自治区、直辖市人民政府药品监督管理部门批准，发给《医疗机构制剂许可证》。无《医疗机构制剂许可证》的，不得配制制剂。

第二十五条规定，医疗机构配制的制剂，应当是本单位临床需要而市场上没有供应的品种，并须经所在地省、自治区、直辖市人民政府药品监督管理部门批准后方可配制。配制的制剂必须按照规定进行质量检验；合格的，凭医师处方在本医疗机构使用。特殊情况下，经国务院或者省、自治区、直辖市人民政府的药品监督管理部门批准，医疗机构配制的制剂可以在指定的医疗机构之间调剂使用。

（20）执业依法注册的义务　《中华人民共和国医师法》

第十三条规定，国家实行医师执业注册制度。取得医师资格的，可以向所在地县级以上地方人民政府卫生健康主管部门申请注册。医疗卫生机构可以为本机构中的申请人集体办理注册手续。除有本法规定不予注册的情形外，卫生健康主管部门应当自受理申请之日起二十个工作日内准予注册，将注册信息录入国家信息平台，并发给医师执业证书。未注册取得医师执业证书，不得从事医师执业活动。

（21）与患者进行有效沟通和告知的义务　《医院投诉管理办法（试行）》第十三条规定，医院应当健全医患沟通制度，完善医患沟通内容，加强对医务人员医患沟通技巧的培训，提高医患沟通能力。

第十四条规定，医院全体工作人员应当牢固树立“以患者为中心”的服务理念，全心全意为患者服务，热情、耐心、细致地做好接待、解释、说明工作，把对患者的尊重、理解和关怀体现在医疗服务全过程中。

第十五条规定，医务人员应当尊重患者依法享有的隐私权、知情权、选择权等权利，根据患者病情、预后不同以及患者实际需求，突出重点，采取适当方式进行沟通。

医患沟通中有关诊疗情况的重要内容应当及时、完整、准确地记入病历，并由患者或其家属签字确认。

《民法典》第一千二百一十九条：医务人员在诊疗活动中应当向患者说明病情和医疗措施。需要实施手术、特殊检查、特殊治疗的，医务人员应当及时向患者具体说明医疗风险、替代医疗方案等情况，并取得其明确同意；不能或者不宜向患者说明的，应当向患者的近亲属说明，并取得其明确同意。

医务人员未尽到前款义务，造成患者损害的，医疗机构应当承担赔偿责任。

（22）钻研业务、更新知识的义务　《中华人民共和国医师法》第二十三条规定，医师在执业活动中履行下列义务：（四）努力钻研业务，更新知识，提高医学专业技术能力和水平，提升医疗卫生服务质量。

（23）关心、爱护、尊重患者的义务　《中华人民共和国医师法》第二十三条规定，医师在执业活动中履行下列义务：

（一）树立敬业精神，恪守职业道德，履行医师职责，尽职尽责救治患者，执行疫情防控等公共卫生措施；

（三）尊重、关心、爱护患者，依法保护患者隐私和个人信息。

（24）遵守技术操作规范的义务　《中华人民共和国医师法》第二十三条第二项：遵循临床诊疗指南，遵守临床技术操作规范和医学伦理规范等。

附则

医疗相关法律法规（目录）

1.《医疗质量安全核心管理制度》

2.《医疗纠纷预防和处理条例》

3.《医疗事故处理条例》

4.《医疗机构投诉管理办法》

5.《医疗机构管理条例》

6.《医疗机构管理条例实施细则》

7.《中华人民共和国民法典》（人格权编、合同编、侵权责任编等）

8.《中华人民共和国医师法》

9.《中华人民共和国基本医疗卫生与健康促进法》

10.《医疗机构临床用血管理办法》

11.《病历书写基本规范》

12.《电子病历书写基本规范》

13.《中医病历书写基本规范》

14.《处方管理办法》

15.《最高人民法院关于审理医疗损害责任纠纷案件适用法

律若干问题》

16.《人身损害三期评定规范》

17.《中华人民共和国中医药法》

18.《中华人民共和国传染病防治法》

19.《中华人民共和国药品管理法》

20.《中华人民共和国母婴保健法》

21.《护士条例》